# 公职人员法律知识

# 学 习 读 本

靳志玲　主编

知识产权出版社
全国百佳图书出版单位

**图书在版编目（CIP）数据**

公职人员法律知识学习读本／靳志玲主编．—北京：知识产权出版社，2018.8

ISBN 978-7-5130-5793-6

Ⅰ.①公…　Ⅱ.①靳…　Ⅲ.①法律—中国—问题解答　Ⅳ.①D920.5

中国版本图书馆 CIP 数据核字（2018）第 194377 号

**责任编辑**：齐梓伊　　**责任校对**：谷　洋

**封面设计**：金　辉　　**责任印制**：刘译文

## 公职人员法律知识学习读本

靳志玲　主编

出版发行：知识产权出版社有限责任公司　网　址：http：//www.ipph.cn

社　址：北京市海淀区气象路 50 号院　邮　编：100081

责编电话：010-82000860 转 8176　责编邮箱：qiziyi2004@qq.com

发行电话：010-82000860 转 8101/8102　发行传真：010-82000893/82005070/82000270

印　刷：三河市国英印务有限公司　经　销：各大网上书店、新华书店及相关专业书店

开　本：720mm×1000mm　1/16　印　张：13

版　次：2018 年 8 月第 1 版　印　次：2018 年 8 月第 1 次印刷

字　数：200 千字　定　价：25.00 元

ISBN 978-7-5130-5793-6

# 目　录

# 习近平建设社会主义法治国家的若干论述

## 在首都各界纪念现行宪法公布施行30周年大会上的讲话

（2012年12月4日）

同志们，朋友们：

1982年12月4日，五届全国人大五次会议通过了《中华人民共和国宪法》。我国现行宪法公布施行至今已经30年了。今天，我们在这里隆重集会，纪念这一具有重大历史意义和现实意义的事件，就是要保证宪法全面有效实施、推动全面贯彻党的十八大精神。

历史总能给人以深刻启示。回顾我国宪法制度发展历程，我们愈加感到，我国宪法同党和人民进行的艰苦奋斗和创造的辉煌成就紧密相连，同党和人民开辟的前进道路和积累的宝贵经验紧密相连。

我国现行宪法可以追溯到1949年具有临时宪法作用的《中国人民政治协商会议共同纲领》和1954年一届全国人大一次会议通过的《中华人民共和国宪法》。这些文献都以国家根本法的形式，确认了近代100多年来中国人民为反对内外敌人、争取民族独立和人民自由幸福进行的英勇斗争，确认了中国共产党领导中国人民夺取新民主主义革命[①]胜利、中国人民掌握国家权力的历史变革。

1978年，我们党召开具有重大历史意义的十一届三中全会，开启了改

① 新民主主义革命，是由无产阶级领导的、革命性质仍然是反对帝国主义反对封建专制的资产阶级性的民主革命，但目的不是建立资产阶级专政的共和国，而是建立无产阶级领导的、工农联盟为基础的、几个革命阶级联合专政的人民共和国。中国从1919年五四运动开始到1949年中华人民共和国建立这30年，在中国共产党领导下的反帝反封建反官僚资本主义的革命，就是新民主主义革命。

革开放历史新时期，发展社会主义民主、健全社会主义法制成为党和国家坚定不移的基本方针。就是在这次会议上，邓小平同志深刻指出："为了保障人民民主，必须加强法制。必须使民主制度化、法律化，使这种制度和法律不因领导人的改变而改变，不因领导人的看法和注意力的改变而改变。"[①] 根据党的十一届三中全会确立的路线方针政策，总结我国社会主义建设正反两方面经验，深刻吸取十年"文化大革命"[②] 的沉痛教训，借鉴世界社会主义成败得失，适应我国改革开放和社会主义现代化建设、加强社会主义民主法制建设的新要求，我们制定了我国现行宪法。同时，宪法只有不断适应新形势、吸纳新经验、确认新成果，才能具有持久生命力。1988 年、1993 年、1999 年、2004 年，全国人大分别对我国宪法个别条款和部分内容作出必要的、也是十分重要的修正，使我国宪法在保持稳定性和权威性的基础上紧跟时代前进步伐，不断与时俱进。

我国宪法以国家根本法的形式，确立了中国特色社会主义道路、中国特色社会主义理论体系、中国特色社会主义制度的发展成果，反映了我国各族人民的共同意志和根本利益，成为历史新时期党和国家的中心工作、基本原则、重大方针、重要政策在国家法制上的最高体现。

30 年来，我国宪法以其至上的法制地位和强大的法制力量，有力保障了人民当家作主，有力促进了改革开放和社会主义现代化建设，有力推动了社会主义法治国家进程，有力促进了人权事业发展，有力维护了国家统一、民族团结、社会稳定，对我国政治、经济、文化、社会生活产生了极为深刻的影响。

30 年来的发展历程充分证明，我国宪法是符合国情、符合实际、符合时代发展要求的好宪法，是充分体现人民共同意志、充分保障人民民主权利、充分维护人民根本利益的好宪法，是推动国家发展进步、保证人民创造幸福生活、保障中华民族实现伟大复兴的好宪法，是我们国家和人民经受住

---

① 见邓小平《解放思想，实事求是，团结一致向前看》（《邓小平文选》第 2 卷，人民出版社 1994 年版，第 146 页）。

② "文化大革命"，简称"文革"。指 1966 年 5 月至 1976 年 10 月中国进行的一场由毛泽东错误发动、广大群众参与并卷入其中，被林彪、江青集团利用，给中国共产党、国家和各族人民带来严重灾难的政治运动。

各种困难和风险考验、始终沿着中国特色社会主义道路前进的根本法制保证。

再往前追溯至新中国成立以来60多年我国宪法制度的发展历程，我们可以清楚地看到，宪法与国家前途、人民命运息息相关。维护宪法权威，就是维护党和人民共同意志的权威。捍卫宪法尊严，就是捍卫党和人民共同意志的尊严。保证宪法实施，就是保证人民根本利益的实现。只要我们切实尊重和有效实施宪法，人民当家作主就有保证，党和国家事业就能顺利发展。反之，如果宪法受到漠视、削弱甚至破坏，人民权利和自由就无法保证，党和国家事业就会遭受挫折。这些从长期实践中得出的宝贵启示，必须倍加珍惜。我们要更加自觉地恪守宪法原则、弘扬宪法精神、履行宪法使命。

在充分肯定成绩的同时，我们也要看到存在的不足，主要表现在：保证宪法实施的监督机制和具体制度还不健全，有法不依、执法不严、违法不究现象在一些地方和部门依然存在；关系人民群众切身利益的执法司法问题还比较突出；一些公职人员滥用职权、失职渎职、执法犯法甚至徇私枉法严重损害国家法制权威；公民包括一些领导干部的宪法意识还有待进一步提高。对这些问题，我们必须高度重视，切实加以解决。

同志们、朋友们！

党的十八大强调，依法治国是党领导人民治理国家的基本方略，法治是治国理政的基本方式，要更加注重发挥法治在国家治理和社会管理中的重要作用，全面推进依法治国，加快建设社会主义法治国家。实现这个目标要求，必须全面贯彻实施宪法。

全面贯彻实施宪法，是建设社会主义法治国家的首要任务和基础性工作。宪法是国家的根本法，是治国安邦的总章程，具有最高的法律地位、法律权威、法律效力，具有根本性、全局性、稳定性、长期性。全国各族人民、一切国家机关和武装力量、各政党和各社会团体、各企业事业组织，都必须以宪法为根本的活动准则，并且负有维护宪法尊严、保证宪法实施的职责。任何组织或者个人，都不得有超越宪法和法律的特权。一切违反宪法和法律的行为，都必须予以追究。

宪法的生命在于实施，宪法的权威也在于实施。我们要坚持不懈抓好宪法实施工作，把全面贯彻实施宪法提高到一个新水平。

第一，坚持正确政治方向，坚定不移走中国特色社会主义政治发展道路。改革开放以来，我们党团结带领人民在发展社会主义民主政治方面取得了重大进展，成功开辟和坚持了中国特色社会主义政治发展道路，为实现最广泛的人民民主确立了正确方向。这一政治发展道路的核心思想、主体内容、基本要求，都在宪法中得到了确认和体现，其精神实质是紧密联系、相互贯通、相互促进的。国家的根本制度和根本任务，国家的领导核心和指导思想，工人阶级领导的、以工农联盟为基础的人民民主专政的国体，人民代表大会制度的政体，中国共产党领导的多党合作和政治协商制度、民族区域自治制度以及基层群众自治制度，爱国统一战线，社会主义法制原则，民主集中制原则，尊重和保障人权原则，等等，这些宪法确立的制度和原则，我们必须长期坚持、全面贯彻、不断发展。

坚持中国特色社会主义政治发展道路，关键是要坚持党的领导、人民当家作主、依法治国有机统一，以保证人民当家作主为根本，以增强党和国家活力、调动人民积极性为目标，扩大社会主义民主，发展社会主义政治文明。我们要坚持国家一切权力属于人民的宪法理念，最广泛地动员和组织人民依照宪法和法律规定，通过各级人民代表大会行使国家权力，通过各种途径和形式管理国家和社会事务、管理经济和文化事业，共同建设，共同享有，共同发展，成为国家、社会和自己命运的主人。我们要按照宪法确立的民主集中制原则、国家政权体制和活动准则，实行人民代表大会统一行使国家权力，实行决策权、执行权、监督权既有合理分工又有相互协调，保证国家机关依照法定权限和程序行使职权、履行职责，保证国家机关统一有效组织各项事业。我们要根据宪法确立的体制和原则，正确处理中央和地方关系，正确处理民族关系，正确处理各方面利益关系，调动一切积极因素，巩固和发展民主团结、生动活泼、安定和谐的政治局面。我们要适应扩大人民民主、促进经济社会发展的新要求，积极稳妥推进政治体制改革，发展更加广泛、更加充分、更加健全的人民民主，充分发挥我国社会主义政治制度优越性，不断推进社会主义政治制度自我完善和发展。

第二，落实依法治国基本方略，加快建设社会主义法治国家。宪法确立了社会主义法制的基本原则，明确规定中华人民共和国实行依法治国，建设社会主义法治国家，国家维护社会主义法制的统一和尊严。落实依法治国基本方略，加快建设社会主义法治国家，必须全面推进科学立法、严格执法、公正司法、全民守法进程。

我们要以宪法为最高法律规范，继续完善以宪法为统帅的中国特色社会主义法律体系，把国家各项事业和各项工作纳入法制轨道，实行有法可依、有法必依、执法必严、违法必究，维护社会公平正义，实现国家和社会生活制度化、法制化。全国人大及其常委会要加强重点领域立法，拓展人民有序参与立法途径，通过完备的法律推动宪法实施，保证宪法确立的制度和原则得到落实。国务院和有立法权的地方人大及其常委会要抓紧制定和修改与法律相配套的行政法规和地方性法规，保证宪法和法律得到有效实施。各级国家行政机关、审判机关、检察机关要坚持依法行政、公正司法，加快推进法治政府建设，不断提高司法公信力。国务院和地方各级人民政府作为国家权力机关的执行机关，作为国家行政机关，负有严格贯彻实施宪法和法律的重要职责，要规范政府行为，切实做到严格规范公正文明执法。我们要深化司法体制改革，保证依法独立公正行使审判权、检察权。全国人大及其常委会和国家有关监督机关要担负起宪法和法律监督职责，加强对宪法和法律实施情况的监督检查，健全监督机制和程序，坚决纠正违宪违法行为。地方各级人大及其常委会要依法行使职权，保证宪法和法律在本行政区域内得到遵守和执行。

第三，坚持人民主体地位，切实保障公民享有权利和履行义务。公民的基本权利和义务是宪法的核心内容，宪法是每个公民享有权利、履行义务的根本保证。宪法的根基在于人民发自内心的拥护，宪法的伟力在于人民出自真诚的信仰。只有保证公民在法律面前一律平等，尊重和保障人权，保证人民依法享有广泛的权利和自由，宪法才能深入人心，走入人民群众，宪法实施才能真正成为全体人民的自觉行动。

我们要依法保障全体公民享有广泛的权利，保障公民的人身权、财产权、基本政治权利等各项权利不受侵犯，保证公民的经济、文化、社会等各方面权利得到落实，努力维护最广大人民根本利益，保障人民群众对美好生活的向往和追求。我们要依法公正对待人民群众的诉求，努力让人民群众在每一个司法案件中都能感受到公平正义，决不能让不公正的审判伤害人民群众感情、损害人民群众权益。我们要在全社会加强宪法宣传教育，提高全体人民特别是各级领导干部和国家机关工作人员的宪法意识和法制观念，弘扬社会主义法治精神，努力培育社会主义法治文化，让宪法家喻户晓，在全社会形成学法尊法守法用法的良好氛围。我们要通过不懈努力，在全社会牢固树立宪法和法律的权威，让广大人民群众充分相信法律、自觉运用法律，使广大人民群众认识到宪法不仅是全体公民必须遵循的行为规范，而且是保障公民权利的法律武器。我们要把宪法教育作为党员干部教育的重要内容，使各级领导干部和国家机关工作人员掌握宪法的基本知识，树立忠于宪法、遵守宪法、维护宪法的自觉意识。法律是成文的道德，道德是内心的法律。我们要坚持把依法治国和以德治国结合起来，高度重视道德对公民行为的规范作用，引导公民既依法维护合法权益，又自觉履行法定义务，做到享有权利和履行义务相一致。

第四，坚持党的领导，更加注重改进党的领导方式和执政方式。依法治国，首先是依宪治国；依法执政，关键是依宪执政。新形势下，我们党要履行好执政兴国的重大职责，必须依据党章从严治党、依据宪法治国理政。党领导人民制定宪法和法律，党领导人民执行宪法和法律，党自身必须在宪法和法律范围内活动，真正做到党领导立法、保证执法、带头守法。

我们要坚持党总揽全局、协调各方的领导核心作用，坚持依法治国基本方略和依法执政基本方式，善于使党的主张通过法定程序成为国家意志，善于使党组织推荐的人选成为国家政权机关的领导人员，善于通过国家政权机关实施党对国家和社会的领导，支持国家权力机关、行政机关、审判机关、检察机关依照宪法和法律独立负责、协调一致地开展工作。各级党组织和党员领导干部要带头厉行法治，不断提高依法执政能力和水平，不断推进各项治国理政活动的制度化、法律化。各级领导干部要提高运用法治思维和法治方式深化改革、推动发展、化解矛盾、维护稳定能力，努力推动形成办事依法、遇事找法、解决问题用法、化解矛盾靠法的良好法治环境，在法治轨道上推动各项工作。我们要健全权力运行制约和监督体系，有权必有责，用权受监督，失职要问责，违法要追究，保证人民赋予的权力始终用来为人民谋利益。

同志们、朋友们！

全党全国各族人民要紧密团结在党中央周围，高举中国特色社会主义伟大旗帜，坚持以邓小平理论、“三个代表”重要思想、科学发展观为指导，坚持依法治国、依法执政、依法行政共同推进，坚持法治国家、法治政府、法治社会一体建设，扎扎实实把党的十八大精神落实到各项工作中去，为全面建成小康社会、开创中国特色社会主义事业新局面而努力奋斗！

# 坚持法治国家、法治政府、法治社会一体建设*

（2013 年 2 月 23 日）

全面建成小康社会对依法治国提出了更高要求。我们要全面贯彻落实党的十八大精神，以邓小平理论、“三个代表”重要思想、科学发展观为指导，全面推进科学立法、严格执法、公正司法、全民守法，坚持依法治国、依法执政、依法行政共同推进，坚持法治国家、法治政府、法治社会一体建设，不断开创依法治国新局面。

我国形成了以宪法为统帅的中国特色社会主义法律体系，我们国家和社会生活各方面总体上实现了有法可依，这是我们取得的重大成就。实践是法律的基础，法律要随着实践发展而发展。要完善立法规划，突出立法重点，坚持立改废并举，提高立法科学化、民主化水平，提高法律的针对性、及时性、系统性。要完善立法工作机制和程序，扩大公众有序参与，充分听取各方面意见，使法律准确反映经济社会发展要求，更好协调利益关系，发挥立法的引领和推动作用。

要加强宪法和法律实施，维护社会主义法制的统一、尊严、权威，形成人们不愿违法、不能违法、不敢违法的法治环境，做到有法必依、执法必严、违法必究。行政机关是实施法律法规的重要主体，要带头严格执法，维护公共利益、人民权益和社会秩序。执法者必须忠实于法律。各级领导机关和领导干部要提高运用法治思维和法治方式的能力，努力以法治凝聚改革共识、规范发展行为、促进矛盾化解、保障社会和谐。要加强对执法活动的监督，坚决排除对执法活动的非法干预，坚决防止和克服地方保护主义和部门保护主义，坚决惩治腐败现象，做到有权必有责、用权受监督、违法必追究。

---

* 这是习近平在主持十八届中央政治局第四次集体学习时的讲话要点。

我们提出要努力让人民群众在每一个司法案件中都感受到公平正义，所有司法机关都要紧紧围绕这个目标来改进工作，重点解决影响司法公正和制约司法能力的深层次问题。要坚持司法为民，改进司法工作作风，通过热情服务，切实解决好老百姓打官司难问题，特别是要加大对困难群众维护合法权益的法律援助。司法工作者要密切联系群众，规范司法行为，加大司法公开力度，回应人民群众对司法公正公开的关注和期待。要确保审判机关、检察机关依法独立公正行使审判权、检察权。

任何组织或者个人都必须在宪法和法律范围内活动，任何公民、社会组织和国家机关都要以宪法和法律为行为准则，依照宪法和法律行使权利或权力、履行义务或职责。要深入开展法制宣传教育，在全社会弘扬社会主义法治精神，引导全体人民遵守法律、有问题依靠法律来解决，形成守法光荣的良好氛围。要坚持法制教育与法治实践相结合，广泛开展依法治理活动，提高社会管理法治化水平。要坚持依法治国和以德治国相结合，把法治建设和道德建设紧密结合起来，把他律和自律紧密结合起来，做到法治和德治相辅相成、相互促进。

我们党是执政党，坚持依法执政，对全面推进依法治国具有重大作用。要坚持党的领导、人民当家作主、依法治国有机统一，把党的领导贯彻到依法治国全过程。各级党组织必须坚持在宪法和法律范围内活动。各级领导干部要带头依法办事，带头遵守法律。各级组织部门要把能不能依法办事、遵守法律作为考察识别干部的重要条件。

# 促进社会公平正义，保障人民安居乐业*

（2014 年 1 月 7 日）

要把维护社会大局稳定作为基本任务，把促进社会公平正义作为核心价值追求，把保障人民安居乐业作为根本目标，坚持严格执法公正司法，积极深化改革，加强和改进政法工作，维护人民群众切身利益，为实现“两个一百年”奋斗目标、实现中华民族伟大复兴的中国梦提供有力保障。

政法战线要旗帜鲜明坚持党的领导。坚持党的领导，就是要支持人民当家作主，实施好依法治国这个党领导人民治理国家的基本方略。既要坚持党对政法工作的领导不动摇，又要加强和改善党对政法工作的领导，不断提高党领导政法工作能力和水平。

要正确处理党的政策和国家法律的关系。我们党的政策和国家法律都是人民根本意志的反映，在本质上是一致的。党既领导人民制定宪法法律，也领导人民执行宪法法律，做到党领导立法、保证执法、带头守法。政法工作要自觉维护党的政策和国家法律的权威性，确保党的政策和国家法律得到统一正确实施。要正确处理坚持党的领导和确保司法机关依法独立公正行使职权的关系。各级党组织和领导干部要支持政法系统各单位依照宪法法律独立负责、协调一致开展工作。党委政法委要明确职能定位，善于运用法治思维和法治方式领导政法工作，在推进国家治理体系和治理能力现代化中发挥重要作用。

维护社会大局稳定是政法工作的基本任务。要处理好维稳和维权的关系，要把群众合理合法的利益诉求解决好，完善对维护群众切身利益具有重大作用的制度，强化法律在化解矛盾中的权威地位，使群众由衷感到权益受到了公平对待、利益得到了有效维护。要处理好活力和秩序的关系，坚持系

* 这是习近平在中央政法工作会议上的讲话要点。

统治理、依法治理、综合治理、源头治理，发动全社会一起来做好维护社会稳定工作。

促进社会公平正义是政法工作的核心价值追求。从一定意义上说，公平正义是政法工作的生命线，司法机关是维护社会公平正义的最后一道防线。政法战线要肩扛公正天平、手持正义之剑，以实际行动维护社会公平正义，让人民群众切实感受到公平正义就在身边。要重点解决好损害群众权益的突出问题，决不允许对群众的报警求助置之不理，决不允许让普通群众打不起官司，决不允许滥用权力侵犯群众合法权益，决不允许执法犯法造成冤假错案。

保障人民安居乐业是政法工作的根本目标。政法机关和广大干警要把人民群众的事当作自己的事，把人民群众的小事当作自己的大事，从让人民群众满意的事情做起，从人民群众不满意的问题改起，为人民群众安居乐业提供有力法律保障。要深入推进社会治安综合治理，坚决遏制严重刑事犯罪高发态势，保障人民生命财产安全。

政法机关要完成党和人民赋予的光荣使命，必须严格执法、公正司法。“公生明，廉生威。”要坚守职业良知、执法为民，教育引导广大干警自觉用职业道德约束自己，做到对群众深恶痛绝的事零容忍、对群众急需急盼的事零懈怠，树立惩恶扬善、执法如山的浩然正气。要信仰法治、坚守法治，做知法、懂法、守法、护法的执法者，站稳脚跟，挺直脊梁，只服从事实，只服从法律，铁面无私，秉公执法。要靠制度来保障，在执法办案各个环节都设置隔离墙、通上高压线，谁违反制度就要给予最严厉的处罚，构成犯罪的要依法追究刑事责任。要坚持以公开促公正、以透明保廉洁，增强主动公开、主动接受监督的意识，让暗箱操作没有空间，让司法腐败无法藏身。

各级领导干部要带头依法办事，带头遵守法律，牢固确立法律红线不能触碰、法律底线不能逾越的观念，不要去行使依法不该由自己行使的权力，更不能以言代法、以权压法、徇私枉法。要建立健全违反法定程序干预司法的登记备案通报制度和责任追究制度。

我们的政法队伍主流是好的，是一支听党指挥、服务人民、能打硬仗、不怕牺牲的队伍，是一支党和人民完全可以信赖的有坚强战斗力的队伍。各级党委和政府要认真落实从优待警的政策措施，帮助干警解决实际困难。要按照政治过硬、业务过硬、责任过硬、纪律过硬、作风过硬的要求，努力建设一支信念坚定、执法为民、敢于担当、清正廉洁的政法队伍。

坚定的理想信念是政法队伍的政治灵魂。必须把理想信念教育摆在政法队伍建设第一位，不断打牢高举旗帜、听党指挥、忠诚使命的思想基础，坚持党的事业至上、人民利益至上、宪法法律至上，永葆忠于党、忠于国家、忠于人民、忠于法律的政治本色。政法队伍要敢于担当，面对歪风邪气，必须敢于亮剑、坚决斗争，绝不能听之任之；面对急难险重任务，必须豁得出来、顶得上去，绝不能畏缩不前。要加强纪律教育，健全纪律执行机制，以铁的纪律带出一支铁的政法队伍。要提高干警本领，确保更好履行政法工作各项任务。要以最坚决的意志、最坚决的行动扫除政法领域的腐败现象，坚决清除害群之马。

司法体制改革是政治体制改革的重要组成部分，对推进国家治理体系和治理能力现代化具有十分重要的意义。要加强领导、协力推动、务求实效，加快建设公正高效权威的社会主义司法制度，更好坚持党的领导、更好发挥我国司法制度的特色、更好促进社会公平正义。

# 加快建设社会主义法治国家*

（2014 年 10 月 23 日）

## 坚定不移走中国特色社会主义法治道路

全面推进依法治国，必须走对路。如果路走错了，南辕北辙了，那再提什么要求和举措也都没有意义了。全会通过的《中共中央关于全面推进依法治国若干重大问题的决定》有一条贯穿全篇的红线，这就是坚持和拓展中国特色社会主义法治道路。中国特色社会主义法治道路是一个管总的东西。具体讲我国法治建设的成就，大大小小可以列举出十几条、几十条，但归结起来就是开辟了中国特色社会主义法治道路这一条。

恩格斯说过："一个新的纲领毕竟总是一面公开树立起来的旗帜，而外界就根据它来判断这个党。"[①] 推进任何一项工作，只要我们党旗帜鲜明了，全党都行动起来了，全社会就会跟着走。一个政党执政，最怕的是在重大问题上态度不坚定，结果社会上对有关问题沸沸扬扬、莫衷一是，别有用心的人趁机煽风点火、蛊惑搅和，最终没有不出事的！所以，道路问题不能含糊，必须向全社会释放正确而又明确的信号。

这次全会部署全面推进依法治国，是我们党在治国理政上的自我完善、自我提高，不是在别人压力下做的。在坚持和拓展中国特色社会主义法治道路这个根本问题上，我们要树立自信、保持定力。走中国特色社会主义法治道路是一个重大课题，有许多东西需要深入探索，但基本的东西必须长期坚持。

第一，必须坚持中国共产党的领导。党的领导是中国特色社会主义最本质的特征，是社会主义法治最根本的保证。坚持中国特色社会主义法治道

---

* 这是习近平在中共十八届四中全会第二次全体会议上讲话的一部分。

① 见恩格斯《给奥·倍倍尔的信》（《马克思恩格斯文集》第 3 卷，人民出版社 2009 年版，第 415 页）。

路，最根本的是坚持中国共产党的领导。依法治国是我们党提出来的，把依法治国上升为党领导人民治理国家的基本方略也是我们党提出来的，而且党一直带领人民在实践中推进依法治国。全面推进依法治国，要有利于加强和改善党的领导，有利于巩固党的执政地位、完成党的执政使命，决不是要削弱党的领导。

坚持党的领导，是社会主义法治的根本要求，是全面推进依法治国题中应有之义。要把党的领导贯彻到依法治国全过程和各方面，坚持党的领导、人民当家作主、依法治国有机统一。只有在党的领导下依法治国、厉行法治，人民当家作主才能充分实现，国家和社会生活法治化才能有序推进。

坚持党的领导，不是一句空的口号，必须具体体现在党领导立法、保证执法、支持司法、带头守法上。一方面，要坚持党总揽全局、协调各方的领导核心作用，统筹依法治国各领域工作，确保党的主张贯彻到依法治国全过程和各方面。另一方面，要改善党对依法治国的领导，不断提高党领导依法治国的能力和水平。党既要坚持依法治国、依法执政，自觉在宪法法律范围内活动，又要发挥好各级党组织和广大党员、干部在依法治国中的政治核心作用和先锋模范作用。

第二，必须坚持人民主体地位。我国社会主义制度保证了人民当家作主的主体地位，也保证了人民在全面推进依法治国中的主体地位。这是我们的制度优势，也是中国特色社会主义法治区别于资本主义法治的根本所在。

坚持人民主体地位，必须坚持法治为了人民、依靠人民、造福人民、保护人民。要保证人民在党的领导下，依照法律规定，通过各种途径和形式管理国家事务，管理经济和文化事业，管理社会事务。要把体现人民利益、反映人民愿望、维护人民权益、增进人民福祉落实到依法治国全过程，使法律及其实施充分体现人民意志。

人民权益要靠法律保障，法律权威要靠人民维护。要充分调动人民群众投身依法治国实践的积极性和主动性，使全体人民都成为社会主义法治的忠实崇尚者、自觉遵守者、坚定捍卫者，使尊法、信法、守法、用法、护法成为全体人民的共同追求。

第三，必须坚持法律面前人人平等。平等是社会主义法律的基本属性，是社会主义法治的基本要求。坚持法律面前人人平等，必须体现在立法、执法、司法、守法各个方面。任何组织和个人都必须尊重宪法法律权威，都必须在宪法法律范围内活动，都必须依照宪法法律行使权力或权利、履行职责或义务，都不得有超越宪法法律的特权。任何人违反宪法法律都要受到追究，绝不允许任何人以任何借口任何形式以言代法、以权压法、徇私枉法。

各级领导干部在推进依法治国方面肩负着重要责任。现在，一些党员、干部仍然存在人治思想和长官意识，认为依法办事条条框框多、束缚手脚，凡事都要自己说了算，根本不知道有法律存在，大搞以言代法、以权压法。这种现象不改变，依法治国就难以真正落实。必须抓住领导干部这个“关键少数”，首先解决好思想观念问题，引导各级干部深刻认识到，维护宪法法律权威就是维护党和人民共同意志的权威，捍卫宪法法律尊严就是捍卫党和人民共同意志的尊严，保证宪法法律实施就是保证党和人民共同意志的实现。

我们必须认认真真讲法治、老老实实抓法治。各级领导干部要对法律怀有敬畏之心，带头依法办事，带头遵守法律，不断提高运用法治思维和法治方式深化改革、推动发展、化解矛盾、维护稳定能力。如果在抓法治建设上喊口号、练虚功、摆花架，只是叶公好龙，并不真抓实干，短时间内可能看不出什么大的危害，一旦问题到了积重难返的地步，后果就是灾难性的。对各级领导干部，不管什么人，不管涉及谁，只要违反法律就要依法追究责任，绝不允许出现执法和司法的“空挡”。要把法治建设成效作为衡量各级领导班子和领导干部工作实绩重要内容，把能不能遵守法律、依法办事作为考察干部重要依据。

第四，必须坚持依法治国和以德治国相结合。法律是成文的道德，道德是内心的法律，法律和道德都具有规范社会行为、维护社会秩序的作用。治理国家、治理社会必须一手抓法治、一手抓德治，既重视发挥法律的规范作用，又重视发挥道德的教化作用，实现法律和道德相辅相成、法治和德治相得益彰。

发挥好法律的规范作用，必须以法治体现道德理念、强化法律对道德建设的促进作用。一方面，道德是法律的基础，只有那些合乎道德、具有深厚道德基础的法律才能为更多人所自觉遵行。另一方面，法律是道德的保障，可以通过强制性规范人们行为、惩罚违法行为来引领道德风尚。要注意把一些基本道德规范转化为法律规范，使法律法规更多体现道德理念和人文关怀，通过法律的强制力来强化道德作用、确保道德底线，推动全社会道德素质提升。

发挥好道德的教化作用，必须以道德滋养法治精神、强化道德对法治文化的支撑作用。再多再好的法律，必须转化为人们内心自觉才能真正为人们所遵行。“不知耻者，无所不为。”[①] 没有道德滋养，法治文化就缺乏源头活水，法律实施就缺乏坚实社会基础。在推进依法治国过程中，必须大力弘扬社会主义核心价值观，弘扬中华传统美德，培育社会公德、职业道德、家庭美德、个人品德，提高全民族思想道德水平，为依法治国创造良好人文环境。

第五，必须坚持从中国实际出发。走什么样的法治道路、建设什么样的法治体系，是由一个国家的基本国情决定的。“为国也，观俗立法则治，察国事本则宜。不观时俗，不察国本，则其法立而民乱，事剧而功寡。”[②] 全面推进依法治国，必须从我国实际出发，同推进国家治理体系和治理能力现代化相适应，既不能罔顾国情、超越阶段，也不能因循守旧、墨守成规。

坚持从实际出发，就是要突出中国特色、实践特色、时代特色。要总结和运用党领导人民实行法治的成功经验，围绕社会主义法治建设重大理论和实践问题，不断丰富和发展符合中国实际、具有中国特色、体现社会发展规律的社会主义法治理论，为依法治国提供理论指导和学理支撑。我们的先人们早就开始探索如何驾驭人类自身这个重大课题，春秋战国时期就有了自成体系的成文法典，汉唐时期形成了比较完备的法典。我国古代法制蕴含着十分丰富的智慧和资源，中华法系在世界几大法系中独树一帜。要注意研究我国古代法制传统和成败得失，挖掘和传承中华法律文化精华，汲取营养、择善而用。

坚持从我国实际出发，不等于关起门来搞法治。法治是人类文明的重要成果之一，法治的精髓和要旨对于各国国家治理和社会治理具有普遍意义，

① 见北宋欧阳修《集古录跋尾·魏公卿上尊号表》。

② 见《商君书·算地》。

我们要学习借鉴世界上优秀的法治文明成果。但是，学习借鉴不等于是简单的拿来主义，必须坚持以我为主、为我所用，认真鉴别、合理吸收，不能搞“全盘西化”，不能搞“全面移植”，不能照搬照抄。

## 扎扎实实把全会提出的各项任务落到实处

这次全会对全面推进依法治国作出了全面部署，提出的重大举措有180多项，涵盖了依法治国各个方面。全党要以只争朝夕的精神和善作善成的作风，扎扎实实把全会提出的各项任务落到实处。

第一，紧紧围绕全面推进依法治国总目标，加快建设中国特色社会主义法治体系。全面推进依法治国总目标是建设中国特色社会主义法治体系，建设社会主义法治国家。这是贯穿决定全篇的一条主线，既明确了全面推进依法治国的性质和方向，又突出了全面推进依法治国的工作重点和总抓手，对全面推进依法治国具有纲举目张的意义。

依法治国各项工作都要围绕全面推进总目标来部署、来展开。法治体系是国家治理体系的骨干工程。落实全会部署，必须加快形成完备的法律规范体系、高效的法治实施体系、严密的法治监督体系、有力的法治保障体系，形成完善的党内法规体系。

“立善法于天下，则天下治；立善法于一国，则一国治。”① 要坚持立法先行，坚持立改废释并举，加快完善法律、行政法规、地方性法规体系，完善包括市民公约、乡规民约、行业规章、团体章程在内的社会规范体系，为全面推进依法治国提供基本遵循。要加快建设包括宪法实施和执法、司法、守法等方面的体制机制，坚持依法行政和公正司法，确保宪法法律全面有效实施。要加强党内监督、人大监督、民主监督、行政监督、司法监督、审计监督、社会监督、舆论监督，努力形成科学有效的权力运行和监督体系，增强监督合力和实效。

要完善党内法规制定体制机制，注重党内法规同国家法律的衔接和协调，构建以党章为根本、若干配套党内法规为支撑的党内法规制度体系，提

① 见北宋王安石《周公》。

高党内法规执行力。党章等党规对党员的要求比法律要求更高，党员不仅要严格遵守法律法规，而且要严格遵守党章等党规，对自己提出更高要求。

第二，准确把握全面推进依法治国工作布局，坚持依法治国、依法执政、依法行政共同推进，坚持法治国家、法治政府、法治社会一体建设。全面推进依法治国是一项庞大的系统工程，必须统筹兼顾、把握重点、整体谋划，在共同推进上着力，在一体建设上用劲。

"天下之事，不难于立法，而难于法之必行。"[①] 依法治国是我国宪法确定的治理国家的基本方略，而能不能做到依法治国，关键在于党能不能坚持依法执政，各级政府能不能依法行政。我们要增强依法执政意识，坚持以法治的理念、法治的体制、法治的程序开展工作，改进党的领导方式和执政方式，推进依法执政制度化、规范化、程序化。执法是行政机关履行政府职能、管理经济社会事务的主要方式，各级政府必须依法全面履行职能，坚持法定职责必须为、法无授权不可为，健全依法决策机制，完善执法程序，严格执法责任，做到严格规范公正文明执法。

法治国家、法治政府、法治社会三者各有侧重、相辅相成。全面推进依法治国需要全社会共同参与，需要全社会法治观念增强，必须在全社会弘扬社会主义法治精神，建设社会主义法治文化。要在全社会树立法律权威，使人民认识到法律既是保障自身权利的有力武器，也是必须遵守的行为规范，培育社会成员办事依法、遇事找法、解决问题靠法的良好环境，自觉抵制违法行为，自觉维护法治权威。

第三，准确把握全面推进依法治国重点任务，着力推进科学立法、严格执法、公正司法、全民守法。全面推进依法治国，必须从目前法治工作基本格局出发，突出重点任务，扎实有序推进。

推进科学立法，关键是完善立法体制，深入推进科学立法、民主立法，抓住提高立法质量这个关键。要优化立法职权配置，发挥人大及其常委会在立法工作中的主导作用，健全立法起草、论证、协调、审议机制，完善法律草案表决程序，增强法律法规的及时性、系统性、针对性、有效性，提高法律法规的可执行性、可操作性。要明确立法权力边界，从体制机制和工作程

---

① 见明代张居正《请稽查章奏随事考成以修实政疏》。

序上有效防止部门利益和地方保护主义法律化。要加强重点领域立法，及时反映党和国家事业发展要求、人民群众关切期待，对涉及全面深化改革、推动经济发展、完善社会治理、保障人民生活、维护国家安全的法律抓紧制订、及时修改。

推进严格执法，重点是解决执法不规范、不严格、不透明、不文明以及不作为、乱作为等突出问题。要以建设法治政府为目标，建立行政机关内部重大决策合法性审查机制，积极推行政府法律顾问制度，推进机构、职能、权限、程序、责任法定化，推进各级政府事权规范化、法律化。要全面推进政务公开，强化对行政权力的制约和监督，建立权责统一、权威高效的依法行政体制。要严格执法资质、完善执法程序，建立健全行政裁量权基准制度，确保法律公正、有效实施。

推进公正司法，要以优化司法职权配置为重点，健全司法权力分工负责、相互配合、相互制约的制度安排。各级党组织和领导干部都要旗帜鲜明支持司法机关依法独立行使职权，绝不容许利用职权干预司法。“举直错诸枉，则民服；举枉错诸直，则民不服。”[①] 司法人员要刚正不阿，勇于担当，敢于依法排除来自司法机关内部和外部的干扰，坚守公正司法的底线。要坚持以公开促公正、树公信，构建开放、动态、透明、便民的阳光司法机制，杜绝暗箱操作，坚决遏制司法腐败。

推进全民守法，必须着力增强全民法治观念。要坚持把全民普法和守法作为依法治国的长期基础性工作，采取有力措施加强法制宣传教育。要坚持法治教育从娃娃抓起，把法治教育纳入国民教育体系和精神文明创建内容，由易到难、循序渐进不断增强青少年的规则意识。要健全公民和组织守法信用记录，完善守法诚信褒奖机制和违法失信行为惩戒机制，形成守法光荣、违法可耻的社会氛围，使尊法守法成为全体人民共同追求和自觉行动。

第四，着力加强法治工作队伍建设。全面推进依法治国，建设一支德才兼备的高素质法治队伍至关重要。我国专门的法治队伍主要包括在人大和政府从事立法工作的人员，在行政机关从事执法工作的人员，在司法机关从事司法工作的人员。全面推进依法治国，首先要把这几支队伍建设好。

---

① 见《论语·为政》。

立法、执法、司法这3支队伍既有共性又有个性，都十分重要。立法是为国家定规矩、为社会定方圆的神圣工作，立法人员必须具有很高的思想政治素质，具备遵循规律、发扬民主、加强协调、凝聚共识的能力。执法是把纸面上的法律变为现实生活中活的法律的关键环节，执法人员必须忠于法律、捍卫法律，严格执法、敢于担当。司法是社会公平正义的最后一道防线，司法人员必须信仰法律、坚守法治，端稳天平、握牢法槌，铁面无私、秉公司法。要按照政治过硬、业务过硬、责任过硬、纪律过硬、作风过硬的要求，教育和引导立法、执法、司法工作者牢固树立社会主义法治理念，恪守职业道德，做到忠于党、忠于国家、忠于人民、忠于法律。

律师队伍是依法治国的一支重要力量，要大力加强律师队伍思想政治建设，把拥护中国共产党领导、拥护社会主义法治作为律师从业的基本要求。

第五，坚定不移推进法治领域改革，坚决破除束缚全面推进依法治国的体制机制障碍。解决法治领域的突出问题，根本途径在于改革。如果完全停留在旧的体制机制框架内，用老办法应对新情况新问题，或者用零敲碎打的方式来修修补补，是解决不了大问题的。在决定起草时我就说过，如果做了一个不痛不痒的决定，那还不如不做。全会决定必须直面问题、聚焦问题，针对法治领域广大干部群众反映强烈的问题，回应社会各方面关切。

这次全会研究和部署全面推进依法治国，虽然不像三中全会那样涉及方方面面，但也不可避免涉及改革发展稳定、内政外交国防、治党治国治军等各个领域，涉及面、覆盖面都不小。这次全会提出了180多项重要改革举措，许多都是涉及利益关系和权力格局调整的“硬骨头”。凡是这次写进决定的改革举措，都是我们看准了的事情，都是必须改的。这就需要我们拿出自我革新的勇气，一个一个问题解决，一项一项抓好落实。

法治领域改革涉及的主要是公检法司等国家政权机关和强力部门，社会关注度高，改革难度大，更需要自我革新的胸襟。如果心中只有自己的“一亩三分地”，拘泥于部门权限和利益，甚至在一些具体问题上讨价还价，必然是磕磕绊绊、难有作为。改革哪有不触动现有职能、权限、利益的？需要触动的就要敢于触动，各方面都要服从大局。各部门各方面一定要增强大局意识，自觉在大局下思考、在大局下行动，跳出部门框框，做到相互支持、相互配合。要把解决了多少实际问题、人民群众对问题解决的满意度作为评价改革成效的标准。只要有利于提高党的执政能力、巩固党的执政地位，有利于维护宪法和法律的权威，有利于维护人民权益、维护公平正义、维护国家安全稳定，不管遇到什么阻力和干扰，都要坚定不移向前推进，决不能避重就轻、拣易怕难、互相推诿、久拖不决。

法治领域改革有一个特点，就是很多问题都涉及法律规定。改革要于法有据，但也不能因为现行法律规定就不敢越雷池一步，那是无法推进改革的，正所谓“苟利于民不必法古，苟周于事不必循旧”[①]。需要推进的改革，将来可以先修改法律规定再推进。对涉及改革的事项，中央全面深化改革领导小组要认真研究和督办。

同志们，全面推进依法治国是一个系统工程，是国家治理领域一场广泛而深刻的革命，必须加强党对法治工作的组织领导。各级党委要健全党领导依法治国的制度和工作机制，履行对本地区本部门法治工作的领导责任，找准工作着力点，抓紧制定贯彻落实全会精神的具体意见和实施方案。要把全面推进依法治国的工作重点放在基层，发挥基层党组织在全面推进依法治国中的战斗堡垒作用，加强基层法治机构和法治队伍建设，教育引导基层广大党员、干部增强法治观念、提高依法办事能力，努力把全会提出的各项工作和举措落实到基层。

① 见《淮南子·氾论训》。

# 领导干部要做尊法学法守法用法的模范*

（2015年2月2日）

各级领导干部在推进依法治国方面肩负着重要责任，全面依法治国必须抓住领导干部这个“关键少数”。领导干部要做尊法学法守法用法的模范，带动全党全国一起努力，在建设中国特色社会主义法治体系、建设社会主义法治国家上不断见到新成效。

改革开放以来特别是党的十五大提出依法治国、建设社会主义法治国家以来，我国社会主义法治建设取得了重大成就，各级领导干部在推进依法治国进程中发挥了重要作用。同时，在现实生活中，一些领导干部法治意识比较淡薄，有的存在有法不依、执法不严甚至徇私枉法等问题，影响了党和国家的形象和威信，损害了政治、经济、文化、社会、生态文明领域的正常秩序。所有领导干部都要警醒起来、行动起来，坚决纠正和解决法治不彰问题。

各级领导干部的信念、决心、行动，对全面推进依法治国具有十分重要的意义。领导干部要做尊法的模范，带头尊崇法治、敬畏法律；做学法的模范，带头了解法律、掌握法律；做守法的模范，带头遵纪守法、捍卫法治；做用法的模范，带头厉行法治、依法办事。

领导干部都要牢固树立宪法法律至上、法律面前人人平等、权由法定、权依法使等基本法治观念，对各种危害法治、破坏法治、践踏法治的行为要挺身而出、坚决斗争。对领导干部的法治素养，从其踏入干部队伍的那一天起就要开始抓，加强教育、培养自觉，加强管理、强化监督。学法懂法是守法用法的前提。要系统学习中国特色社会主义法治理论，准确把握我们党处理法治问题的基本立场。首要的是学习宪法，还要学习同自己所担负的领导

* 这是习近平在省部级主要领导干部学习贯彻党的十八届四中全会精神全面推进依法治国专题研讨班上的讲话要点。

工作密切相关的法律法规。各级领导干部尤其要弄明白法律规定我们怎么用权，什么事能干、什么事不能干，心中高悬法律的明镜，手中紧握法律的戒尺，知晓为官做事的尺度。各级党委要重视法治培训，完善学法制度。

领导干部要牢记法律红线不可逾越、法律底线不可触碰，带头遵守法律、执行法律，带头营造办事依法、遇事找法、解决问题用法、化解矛盾靠法的法治环境。谋划工作要运用法治思维，处理问题要运用法治方式，说话做事要先考虑一下是不是合法。领导干部要把对法治的尊崇、对法律的敬畏转化成思维方式和行为方式，做到在法治之下、而不是法治之外、更不是法治之上想问题、作决策、办事情。党纪国法不能成为"橡皮泥"、"稻草人"，违纪违法都要受到追究。

党政主要负责人要履行推进法治建设第一责任人职责，统筹推进科学立法、严格执法、公正司法、全民守法。用人导向最重要、最根本、也最管用。法治素养是干部德才的重要内容。要把能不能遵守法律、依法办事作为考察干部重要内容。要抓紧对领导干部推进法治建设实绩的考核制度进行设计，对考核结果运用作出规定。要落实党的十八届四中全会就此提出的一系列制度安排，使其早日形成，早日发挥作用。

全面推进依法治国，方向要正确，政治保证要坚强。党的领导是社会主义法治最根本的保证。我们要坚持的中国特色社会主义法治道路，本质上是中国特色社会主义道路在法治领域的具体体现；我们要发展的中国特色社会主义法治理论，本质上是中国特色社会主义理论体系在法治问题上的理论成果；我们要建设的中国特色社会主义法治体系，本质上是中国特色社会主义制度的法律表现形式。

中国共产党是中国特色社会主义事业的领导核心，处在总揽全局、协调各方的地位。社会主义法治必须坚持党的领导，党的领导必须依靠社会主义法治。法是党的主张和人民意愿的统一体现，党领导人民制定宪法法律，党领导人民实施宪法法律，党自身必须在宪法法律范围内活动，这就是党的领导力量的体现。党和法、党的领导和依法治国是高度统一的。我们就是在不折不扣贯彻着以宪法为核心的依宪治国、依宪执政，我们依据的是中华人民共和国宪法。

每个党政组织、每个领导干部必须服从和遵守宪法法律，不能把党的领导作为个人以言代法、以权压法、徇私枉法的挡箭牌。权力是一把“双刃剑”，在法治轨道上行使可以造福人民，在法律之外行使则必然祸害国家和人民。把权力关进制度的笼子里，就是要依法设定权力、规范权力、制约权力、监督权力。全面依法治国，必须紧紧围绕保障和促进社会公平正义来进行。公平正义是我们党追求的一个非常崇高的价值，全心全意为人民服务的宗旨决定了我们必须追求公平正义，保护人民权益、伸张正义。

# 深化司法体制改革*

（2015 年 3 月 24 日）

深化司法体制改革，建设公正高效权威的社会主义司法制度，是推进国家治理体系和治理能力现代化的重要举措。公正司法事关人民切身利益，事关社会公平正义，事关全面推进依法治国。要坚持司法体制改革的正确政治方向，坚持以提高司法公信力为根本尺度，坚持符合国情和遵循司法规律相结合，坚持问题导向、勇于攻坚克难，坚定信心，凝聚共识，锐意进取，破解难题，坚定不移深化司法体制改革，不断促进社会公平正义。

我国司法制度是党领导人民在长期实践中建立和发展起来的，总体上与我国国情和我国社会主义制度是适应的。同时，由于多种因素影响，司法活动中也存在一些司法不公、冤假错案、司法腐败以及金钱案、权力案、人情案等问题。这些问题如果不抓紧解决，就会严重影响全面依法治国进程，严重影响社会公平正义。党的十八大以来，党中央对司法体制改革高度重视，紧紧围绕建设中国特色社会主义法治体系、建设社会主义法治国家，紧紧围绕维护社会公平正义，抓紧落实有关改革举措，取得了重要进展。

司法制度是上层建筑的重要组成部分，我们推进司法体制改革，是社会主义司法制度自我完善和发展，走的是中国特色社会主义法治道路。党的领导是社会主义法治的根本保证，坚持党的领导是我国社会主义司法制度的根本特征和政治优势。深化司法体制改革，完善司法管理体制和司法权力运行机制，必须在党的统一领导下进行，坚持和完善我国社会主义司法制度。要把党总揽全局、协调各方，同审判机关和检察机关依法履行职能、开展工作统一起来。

司法体制改革必须为了人民、依靠人民、造福人民。司法体制改革成效如何，说一千道一万，要由人民来评判，归根到底要看司法公信力是不是提高了。司法是维护社会公平正义的最后一道防线。公正是司法的灵魂和生

* 这是习近平在主持中央十八届中央政治局第二十一次集体学习时的讲话要点。

命。深化司法体制改革，要广泛听取人民群众意见，深入了解一线司法实际情况、了解人民群众到底在期待什么，把解决了多少问题、人民群众对问题解决的满意度作为评判改革成效的标准。

要紧紧牵住司法责任制这个牛鼻子，凡是进入法官、检察官员额的，要在司法一线办案，对案件质量终身负责。法官、检察官要有审案判案的权力，也要加强对他们的监督制约，把对司法权的法律监督、社会监督、舆论监督等落实到位，保证法官、检察官做到“以至公无私之心，行正大光明之事”[①]，把司法机关进制度的笼子，让公平正义的阳光照进人民心田，让老百姓看到实实在在的改革成效。

司法体制改革必须同我国根本政治制度、基本政治制度和经济社会发展水平相适应，保持我们自己的特色和优势。我们要借鉴国外法治有益成果，但不能照搬照抄国外司法制度。完善司法制度、深化司法体制改革，要遵循司法活动的客观规律，体现权责统一、权力制约、公开公正、尊重程序的要求。司法体制改革事关全局，要加强顶层设计，自上而下有序推进。要坚持从实际出发，结合不同地区、不同层级司法机关实际情况积极实践，推动制度创新。

问题是工作的导向，也是改革的突破口。要紧紧抓住影响司法公正、制约司法能力的重大问题和关键问题，增强改革的针对性和实效性。党的十八届三中、四中全会提出的司法体制改革任务，都是看准了的事情，都是必须改的，要坚定不移落实到位。中央政法委和各牵头单位要规划好各项改革出台的时机、方式、节奏，不断推出一批群众认可的硬招实招。中央政法单位要带好头，无论是制度、方案的设计，还是配套措施的推出，都要从党和国家事业发展全局出发，从最广大人民根本利益出发。各地区各部门要大力支持司法体制改革，抓好工作任务落实。对已经出台的改革举措，要加强改革效果评估，及时总结经验，注意发现和解决苗头性、倾向性、潜在性问题。要下功夫凝聚共识，充分调动一切积极因素，形成推进改革的强大力量。

---

① 见明代吕坤《呻吟语·应务》。

# 坚持依法治国和以德治国相结合*

（2016 年 12 月 9 日）

法律是准绳，任何时候都必须遵循；道德是基石，任何时候都不可忽视。在新的历史条件下，我们要把依法治国基本方略、依法执政基本方式落实好，把法治中国建设好，必须坚持依法治国和以德治国相结合，使法治和德治在国家治理中相互补充、相互促进、相得益彰，推进国家治理体系和治理能力现代化。

法律是成文的道德，道德是内心的法律。法律和道德都具有规范社会行为、调节社会关系、维护社会秩序的作用，在国家治理中都有其地位和功能。法安天下，德润人心。法律有效实施有赖于道德支持，道德践行也离不开法律约束。法治和德治不可分离、不可偏废，国家治理需要法律和道德协同发力。

改革开放以来，我们深刻总结我国社会主义法治建设的成功经验和深刻教训，把依法治国确定为党领导人民治理国家的基本方略，把依法执政确定为党治国理政的基本方式，走出了一条中国特色社会主义法治道路。这条道路的一个鲜明特点，就是坚持依法治国和以德治国相结合，强调法治和德治两手抓、两手都要硬。这既是历史经验的总结，也是对治国理政规律的深刻把握。

要强化道德对法治的支撑作用。坚持依法治国和以德治国相结合，就要重视发挥道德的教化作用，提高全社会文明程度，为全面依法治国创造良好人文环境。要在道德体系中体现法治要求，发挥道德对法治的滋养作用，努力使道德体系同社会主义法律规范相衔接、相协调、相促进。要在道德教育中突出法治内涵，注重培育人们的法律信仰、法治观念、规则意识，引导人们自觉履行法定义务、社会责任、家庭责任，营造全社会都讲法治、守法治的文化环境。

要把道德要求贯彻到法治建设中。以法治承载道德理念，道德才有可靠

* 这是习近平在主持中共十八届中央政治局第三十七次集体学习时的讲话要点。

制度支撑。法律法规要树立鲜明道德导向，弘扬美德义行，立法、执法、司法都要体现社会主义道德要求，都要把社会主义核心价值观贯穿其中，使社会主义法治成为良法善治。要把实践中广泛认同、较为成熟、操作性强的道德要求及时上升为法律规范，引导全社会崇德向善。要坚持严格执法，弘扬真善美、打击假恶丑。要坚持公正司法，发挥司法断案惩恶扬善功能。

要运用法治手段解决道德领域突出问题。法律是底线的道德，也是道德的保障。要加强相关立法工作，明确对失德行为的惩戒措施。要依法加强对群众反映强烈的失德行为的整治。对突出的诚信缺失问题，既要抓紧建立覆盖全社会的征信系统，又要完善守法诚信褒奖机制和违法失信惩戒机制，使人不敢失信、不能失信。对见利忘义、制假售假的违法行为，要加大执法力度，让败德违法者受到惩治、付出代价。

要提高全民法治意识和道德自觉。法律要发挥作用，首先全社会要信仰法律；道德要得到遵守，必须提高全体人民道德素质。要加强法治宣传教育，引导全社会树立法治意识，使人们发自内心信仰和崇敬宪法法律；同时要加强道德建设，弘扬中华民族传统美德，提升全社会思想道德素质。要坚持把全民普法和全民守法作为依法治国的基础性工作，使全体人民成为社会主义法治的忠实崇尚者、自觉遵守者、坚定捍卫者。要深入实施公民道德建设工程，深化群众性精神文明创建活动，引导广大人民群众自觉践行社会主义核心价值观，树立良好道德风尚，争做社会主义道德的示范者、良好风尚的维护者。

要发挥领导干部在依法治国和以德治国中的关键作用。领导干部既应该做全面依法治国的重要组织者、推动者，也应该做道德建设的积极倡导者、示范者。要坚持把领导干部带头学法、模范守法作为全面依法治国的关键，推动领导干部学法经常化、制度化。以德修身、以德立威、以德服众，是干部成长成才的重要因素。领导干部要努力成为全社会的道德楷模，带头践行社会主义核心价值观，讲党性、重品行、作表率，带头注重家庭、家教、家风，保持共产党人的高尚品格和廉洁操守，以实际行动带动全社会崇德向善、尊法守法。

# 《中华人民共和国宪法》知识问答

## 1. 宪法对国家权力的监督体现在哪些方面?

我国与西方国家奉行完全不同的政治理论与国家学说，因而在权力制约问题上，采用民主集中制或监督制度作为权力运行的手段。社会主义宪法是在一种新型的国家理念下，来规划国家权力的所属和运行以及与公民权利之间的关系。因此，它更强调国家权力行使中的互相配合，强调国家权力的统一与行使效率。但社会主义宪法并未因此而放弃权力制约原则，我国现行宪法就比较全面地体现了权力的分工与制约原则，在权力监督方面，主要是对权力行使者即国家各级工作人员的监督，这在我国宪法中得到了明确的体现，主要体现在以下方面。

（1）在人民代表和国家机关及其工作人员的关系上，规定人民代表要由人民选举产生，对人民负责，接受人民监督。人民有权对国家机关及其工作人员提出批评、建议、控告、检举等，重在以人民权利的势能控制国家权力的动能。一切国家机关和国家工作人员必须依靠人民的支持，经常保持同人民的密切联系，倾听人民的意见和建议，接受人民的监督，努力为人民服务。

（2）宪法规定全国人民代表大会是最高国家权力机关，全国人民代表大会及其常务委员会行使立法权；国家主席是国家最高代表；国务院是最高国家权力机关的执行机关，是最高行政机关；中央军委是领导全国武装力量的机关；监察委员会是国家的监察机关，人民法院是国家的审判机关，人民检察院是法律监督机关，这样我国宪法实际上也遵循了现代国家关于权力分工的基本原理和基本范式。

（3）宪法规定国家行政机关、监察机关、审判机关、检察机关都由人民代表大会产生，对它负责，受它监督，因此我国各级人民代表大会及其常务委员会有权制约由它选举产生的国家机关。

（4）我国宪法为充分保证执法机关正确执法，充分保障人民的民主权利，明确规定，行政机关和司法机关在本系统内实行监督和制约。

（5）确立国家机关责任制原则。宪法规定，一切国家机关实行精简的原则，实行工作责任制，实行工作人员的培训和考核制度，不断提高工作质量和工作效率，反对官僚主义。

（6）对国家机关工作人员中担任重要职务的领导人员的选任和监督罢免作了规定。

2018 年宪法修正案赋予了监察委员会法律地位，它是行使国家监察职能的专责机关，与党的纪律检查机关合署办公，体现了党内监督和国家机关监督、党的纪律检查和国家监察有机统一。《中国共产党章程》第 46 条第 1 款规定："党的各级纪律检查委员会是党内监督专责机关……"《中华人民共和国宪法》（以下简称《宪法》）第 123 条规定："中华人民共和国各级监察委员会是国家的监察机关。"法律检查委员会同监察委员会合署办公，清晰地表明了监察委员会的性质和地位。各级监察委员会是实现党和国家自我监督的政治机关，不是行政机关、司法机关。其依法行使的监察权，不是行政监察、反贪反渎、预防腐败职能的简单叠加，而是在党直接领导下，代表党和国家对所有行使公权力的公职人员进行监督，既调查职务违法行为，又调查职务犯罪行为，其职能权限与司法机关、执法部门明显不同。同时，《宪法》第 125 条规定，"中华人民共和国国家监察委员会是最高监察机关。国家监察委员会领导地方各级监察委员会的工作，上级监察委员会领导下级监察委员会的工作。"这在领导体制上与法律检查委员会的双重领导体制高度一致。深化国家监察体制改革，根本目的就是加强党对反腐败工作的统一领导，构建党统一指挥、全面覆盖、权威高效的监督体系。

依法赋予监察委员会职责权限，是健全党和国家监督体系的重要内容，不仅实现监察对象全覆盖，也要实现监察职能全覆盖。推进国家治理体系和治理能力现代化。

### 2. 宪法如何体现了"一切权力属于人民"的原则？

《宪法》第 2 条第 1 ~ 2 款规定："中华人民共和国的一切权力属于人民。人民行使权力的机关是全国人民代表大会和地方各级人民代表大会。"这是我国国家制度的核心内容和基本原则，而人民代表大会制度正是实现这一核心内容和基本原则的组织形式。我国人民是通过人民代表大会制度来行使管理国家权力的，各级人民代表大会都是人民行使国家权力的机关。根据《宪法》和《中华人民共和国选举法》（以下简称《选举法》）的规定，全国人民代表大会和地方各级人民代表大会都是通过民主的选举原则和选举程序由人民选举自己的代表所组成的。它一经组成，就代表人民行使国家权力，决定国家和地方的一切重大事务，能够吸引人民群众参加国家管理。

《宪法》第1条规定，我国是工人阶级领导的、以工农联盟为基础的人民民主专政的国家。人民民主专政的最主要的方面是，我们国家的一切权力属于人民，国家由人民当家做主。国家的一切权力属于人民，是宪法的基本原则，又称人民主权原则。人民主权是指国家的最高权力来源于人民，并永远属于人民。资本主义国家的宪法也有人民主权原则，但其理论依据是资产阶级思想家卢梭的社会契约论。我国宪法中规定的人民主权原则的理论依据，是马克思主义的国家学说。马克思主义的国家学说认为，国家是统治阶级压迫被统治阶级的工具，人民主权只能是统治阶级的主权。在我们国家，实行人民民主专政，人民是统治者，人民主权是指国家的主权属于全体人民，由全体人民行使当家做主的权利。

“权力”是指国家的权力，又称公共权力，是以国家名义并由国家机构行使的处理国家对内对外事务的权力。国家权力的范围十分广泛，它包括立法权、行政权、审判权和检察权以及其他的公共权力。长期革命和建设的实践表明，国家权力是保护人民、服务人民以及打击敌人的有力武器；但同时，国家权力的不当行使又会对人民的权利造成很大的危害。因此，在宪法中宣称国家的一切权力属于人民，不仅表明了国家权力的归属，同时也意味任何国家机构在行使国家权力时，决不能侵犯人民的权利，损害人民的利益。

我国人民代表大会制度与其他国家政权组织形式相比具有以下三个特征。

（1）人民代表大会制度采取一院制的组织形式。西方主要国家一般都采取两院制的代议机构，我国根据自身的国情和历史传统采取一院制。一院制可以提高工作效率，便于统一行使国家权力，有效地进行国家管理。人民代表大会代表的组成反映了各阶级、阶层的利益。

（2）人民代表大会设立常设机构，人民代表实行兼职工作制。我国人民代表大会每年开会一次，为保证行使国家权力，县级以上人民代表大会设立常务委员会作为常设机构。各级常务委员会向同级人民代表大会负责，受其监督。各级人民代表大会的代表，除被选为人民代表大会常务委员会的专职人员外，其余均为兼职代表，这样便于代表密切联系选民，受原选举单位监督。

（3）人民代表大会制度强化了人民代表大会的国家权力机关地位。表现为人民代表大会与其他国家机关的关系中，处于支配和核心地位，统一行使国家权力。其他国家机关由人民代表大会产生，要向人民代表大会负责，接受人民代表大会的监督。

人民代表大会制度比较充分和全面地反映了我国政权的基础是全体社会主义劳动者、社会主义事业的建设者、拥护社会主义的爱国者和拥护祖国统一和致力于中华民族伟大复兴的爱国者的广泛的爱国统一战线的特点。在我国，社会各个阶级、阶层在具体利益上的要求不同，代表的广泛性，使人民代表大会制度全面直接地反映社会各个阶级、阶层在国家生活中的不同地位，从组织上保证了人民当家做主。

### 3. 宪法规定的农村集体经济的性质、范围以及国家对集体经济的方针政策是什么？

《宪法》第 8 条规定：“农村集体经济组织实行家庭承包经营为基础、统分结合的双层经营体制。农村中的生产、供销、信用、消费等各种形式的合作经济，是社会主义劳动群众集体所有制经济。参加农村集体经济组织的劳动者，有权在法律规定的范围内经营自留地、自留山、家庭副业和饲养自留畜。城镇中的手工业、工业、建筑业、运输业、商业、服务业等行业的各种形式的合作经济，都是社会主义劳动群众集体所有制经济。国家保护城乡集体经济组织的合法的权利和利益，鼓励、指导和帮助集体经济的发展。”

农村改革 20 多年的基本经验，就是实行家庭联产承包经营，建立统分结合的双层经营体制。统分结合的双层经营体制，是指以农村家庭承包经营为基础，并与农业社会化服务体系相结合的农业生产经营体制，也就是家庭经营和集体经营有机结合的经营体制。这一经营体制的特点是：①土地为集体所有，是这一经营体制的前提。②在土地集体所有的前提下，农民享有土地承包经营权，即享有土地使用权。③家庭承包经营是基础，集体统一经营为家庭经营提供服务，既要强调家庭承包经营的基础地位，又不能将它与集体统一经营割裂开来。④所谓统分结合，统是指土地、大型水利设施等主要生产资料归集体所有，由集体统一行使管理权和经营权，以发展和完善社会服务体系。所谓分是指分散经营，即农民在承包土地后，对土地有自主经营权。深化农村改革，促进农村经济进一步发展，核心是稳定和完善以家庭承包经营为基础，统分结合的双层经营体制。宪法规定农村实行统分结合的双层经营体制，明确了农民的土地承包使用权，对提高农民积极性，解放和发展农村的生产力具有重要意义。

城乡集体所有制经济的另一种形式，是各种形式的合作经济。城乡合作经济包括两个方面：一是指农村中的生产、供销、信用、消费等各种形式的合作经济，二是指城镇中的手工业、工业建筑业、运输业、商业、服务业等行业的各种形式的合作经济。

农村和城镇各种形式的合作经济，是劳动者按照自愿组织起来，基本生产资料公有，在生产和交换过程中实行某种程度的合作经营，在分配形式上实行一定程度的按劳分配的经济形式，它们都是社会主义的劳动群众集体所有制经济。此外，参加农村集体经济组织的劳动者，还有权在法律规定的范围内经营自留地、自留山、家庭副业和饲养自留畜。城乡集体经济组织是社会主义公有制经济的重要组成部分，国家保护城乡集体经济组织的合法的权利和利益，并鼓励、指导和帮助集体经济的发展。主要体现是：①国家确认劳动群众集体所有制的重要地位，保护它的合法的权利和利益；②国家通过制定政策和措施鼓励集体经济的发展；③国家积极指导劳动群众集体所有制的生产、经营和管理活动；④国家对劳动群众集体所有制经济的发展，在物资和技术方面给予帮助和照顾。

该条款的意义可以归纳为五个层次：①尊重农民的经济活动自由；②依照契约联合而成，旨在满足农民合作需要的集体经济组织；③建立在集体经济组织土地所有权基础上的，具有经济自由权、社团权、财产权三重性质的家庭土地承包经营的权利；④农村集体经济组织依据团体决议实施统一经营；⑤国家对农村集体经济有扶助的义务。在当前农业经营制度改革进程中，正确的选择是：将这一宪法上规定的经济制度转化为实在法意义上的完整规范体系，并在此基础上发挥其对农村与农业实践的规范作用。

### 4. 社会保障制度写入宪法的重要意义是什么？

伴随社会和法制的进步，社会保障权成为公民宪法的权利，相继进入各国的宪法条款。2004 年宪法修正案在原第 14 条增加一款，作为第 4 款：国家建立健全同经济发展水平相适应的社会保障制度。“社会保障入宪”成为我国社会保障法制化的坚实基础，也促进了社会保障法制化的进步和发展。

（1）社会保障写入宪法，有助于通过法律形式规范政府的社会保障职责，有助于切实维护人民群众利益，使社会弱势群体的生存权得到进一步保障。社会保障关系到广大人民群众的切身利益，当公民生活困难时有权获得国家和社会的帮助，国家应负起保障公民生存权实现的责任。这是法治国家的应有之义。社会保障，是一项重要的人权，无论是对于生存权还是发展权而言，社会保障都是至关重要的。将社会保障写入宪法，赋予这项制度以基本国策的法律地位，也就给政府明确了建立制度的职责。

（2）有助于实现社会保障制度的宗旨，增进社会公正。人类社会有史以来，效率与公平就一直是矛盾的，社会的进步离不开社会财富的创造，而当社会财富积累到一定程度，公平问题就凸显出来。社会保障就是为了满足社会公平的目标而采取的一种社会机制，在社会保障制度中，实现社会公平历来是构筑社会保障制度的重要理论基点。就我国的现实而言，30 多年来，我国社会经济的发展得到了持续高速增长，取得了令人瞩目的成就，但急剧转型的现代化进程中也产生了许多问题，如社会群体间贫富差距、劳资关系矛盾、城乡利益失衡、地区差距、农民增收缓慢等问题的存在，由此形成了一批生活困难的社会群体。这些不协调、不平衡的现状从根本上讲是中国的民生问题，构成了现阶段中国社会的主要矛盾。宪法从国家根本法的地位对社会保障制度加以确认，强调建立和健全社会保障制度，就是从利益分配的角度，来消除社会中存在的不合理现象，消减社会紧张，降低社会风险，提高社会整合能力，维护稳定、有序、和谐的发展大局。

（3）将社会保障制度写入宪法，将有力推进社会保障的立法进程，提高社会保障立法的层次。我国的社会保障制度是随着国家社会经济的发展而发展的，经历了从传统国家型的社会保障制度向市场经济型的社会保障制度的转变，社会保障发展的目标已经明确，但社会保障制度的基本法律框架还不够明确，立法还不健全。社会保障是我国每个公民应享有的一项基本权利，社会保障法在我国法律体系中应该成为一个极其重要的独立的法律部门。

（4）2018 年宪法修正案中提出建立一种与经济发展水平相适应的社会保障制度，意味着必须尊重因经济发展水平而带来的制度差异，这一规定有助于政府作出符合法律规定的，也更为求真务实的社会保障制度设计，保证社会保障制度的正确实施。

在我国，1982 年宪法中涉及社会保障的条文有两条，即第 44 条和第 45 条。历经多次修宪，特别是 2004 年修宪之后，我国现行宪法关系到公民社会保障权的规范，计有如下 3 个条文。第 14 条第 4 款："国家建立健全同经济发展水平相适应的社会保障制度。"第 44 条："国家依照法律规定实行企业事业组织的职工和国家机关工作人员的退休制度。退休人员的生活受到国家和社会的保障。"第 45 条："中华人民共和国公民在年老、疾病或者丧失劳动能力的情况下，有从国家和社会获得物质帮助的权利。国家发展为公民享受这些权利所需要的社会保险、社会救济和医疗卫生事业。国家和社会保障残废军人的生活，抚恤烈士家属，优待军人家属。国家和社会帮助安排盲、聋、哑和其他有残疾的公民的劳动、生活和教育。"另外，2004 年新增的第 33 条第 3 款："国家尊重和保障人权"，也被一些学者认为与社会保障权有较密切关联。这样，宪法中有关社会保障的内容共计为 4 个条款。

### 5. 宪法对国有企业在经营和管理方面有哪些规定?

《宪法》第 16 条规定："国有企业在法律规定的范围内有权自主经营。国有企业依照法律规定，通过职工代表大会和其他形式，实行民主管理。"

对于国有企业的经营自主权和民主管理，1982 年《宪法》第 16 条的规定是："国营企业在服从国家的统一领导和全面完成国家计划的前提下，在法律规定的范围内，有经营管理的自主权。国营企业依照法律规定，通过职工代表大会和其他形式，实行民主管理。"本条的规定是由 1993 年修改而来的。这个修改将原来的"国营企业"改为"国有企业"，并明确了国有企业的自主经营权。国营企业与国有企业的区别在于，国营企业不仅由国家所有，而且由国家直接干预企业的经营，存在所有权和经营权不分的问题。国有企业强调的是国家对企业具有所有权，而经营权可以与所有权分开。

（1）国有企业具有自主经营权

国有企业是指全民所有制企业。在传统的计划经济体制下，全民所有制企业只是行政机关的附属，国家通过高度集中的指令性计划和行政手段直接支配、干预全民所有制企业的生产经营活动，企业实际没有独立的自主经营权。随着改革的逐步深入，国家与全民所有制企业的这种关系已经不适应生产力发展的客观需要。企业是独立的商品生产者，应当成为独立的市场主体，自主经营、自负盈亏，而政府则应当转变职能，由企业生产经营活动的直接干预者，变为市场活动和国民经济的宏观管理者。这就涉及全民所有制企业的所有权和经营权分开的问题。1988 年通过的《中华人民共和国全民所有制工业企业法》（以下简称《全民所有制工业企业法》）已经规定，全民所有制工业企业“是依法自主经营、自负盈亏、独立核算的社会主义商品生产和经营单位。企业的财产属于全民所有，国家依照所有权和经营权分离的原则授予企业经营管理。企业对国家授予其经营管理的财产享有占有、使用和依法处分的权利。企业依法取得法人资格，以国家授予其经营管理的财产承担民事责任”。这些规定都已经明确了全民所有制企业财产的所有权和经营权分离的原则。党的十四大报告提出，要转换国有企业的经营机制，将企业推向市场，实行政企分开，使企业具有经营自主权，真正成为自主经营、自负盈亏、自我发展、自我约束的法人实体和市场竞争主体；并提出，要加快转变政府职能，将企业的权利下放给企业，政府的职能是统筹规划，掌握政策，组织协调，引导信息，提供服务和检查监督。实践表明 1982 年宪法中有关“国营企业在服从国家的统一领导和全面完成国家计划的前提下，在法律规定的范围内，有经营管理的自主权”的规定，由于带有计划经济的色彩，已经不符合改革的实际情况了，因此，八届全国人大一次会议通过的宪法修正案对此作出了修改。

国有企业的自主经营权必须由法律予以规定。全民所有制工业企业法规定了企业的财产权属于国家所有，国家依照所有权和经营权分离的原则，赋予企业经营管理权，即企业自主经营权。根据这部法律的规定，国有企业的自主经营权主要包括，企业在发展规划、生产销售、签订合同、劳动用工、工资奖金分配等方面有权自主作出决策。政府负责宏观调控方面方针政策的制定和推行，对国有企业的上述自主经营权不直接干预。随着改革的进一步深入，国有企业的改革已经成为我国经济体制改革的中心环节，《全民所有制工业企业法》中有些国有企业自主经营权的规定也已不适应市场经济的要求。进一步扩大国有企业的自主经营权，已经成为加快国有企业改革，建立和完善现代企业制度，促进国民经济健康运行和长远发展的重要内容。

国有企业被私人资本、集体资本或者外资并购或者与它们合资、合作的，其经营自主权分别依照《中华人民共和国公司法》（以下简称《公司法》）、《中华人民共和国中外合资经营企业法》（以下简称《中外合资经营企业法》）、《中华人民共和国中外合作经营企业法》（以下简称《中外合作经营企业法》）等法律的规定行使。

随着现代企业制度的建立，许多国有企业都实行公司制，这就要求建立规范的国有企业法人治理结构。而国有企业法人治理结构需要着重处理好的是国有企业所有者与经营者的关系，即处理好董事会层与经理层的关系。国有企业的董事会是所有者，代表出资人的利益，经理层是执行者，是国有企业经营管理权的行使者。董事会与经理层的关系，是决策者与经营者的关系，重大决策权在董事会，执行权在经理特别是总经理。经理层要认真执行董事会的决策，对董事会诚实守信，接受董事会的领导、检查和监督；董事会要真正代表出资人的利益，防止国有企业中的“内部人控制”现象，加强对经理层的检查和监督。

（2）国有企业实行民主管理

国有企业实行民主管理的形式，是职工代表大会和其他形式。实践中，职工代表大会是比较普遍的形式，此外，还有职工大会、工会等形式。实行股份制的国有企业还可以通过股东大会和董事会等形式实行民主管理。根据《全民所有制工业企业法》的规定，职工代表大会是企业实行民主管理的基本形式，是职工行使民主管理权力的机构。职工代表大会的工作机构是企业的工会委员会。企业工会委员会负责职工代表大会的日常工作。企业职工代表大会的民主管理权力主要有：①听取和审议厂长关于企业的经营方针、长远规划、年度计划、基本建设方案、重大技术改造方案、职工培训计划、留用资金分配和使用方案、承包和租赁责任制方案的报告，提出意见和建议；②审查同意或者否决企业的工资调整方案、奖金分配方案、劳动保护措施、奖惩办法以及其他重要的规章制度；③审议决定职工福利基金使用方案、职工住宅分配方案和其他有关职工生活福利的重大事项；④评议、监督企业各级行政领导干部，提出奖惩或者任免的建议；⑤根据政府主管部门的决定选举厂长，报政府主管部门批准。国有企业的职工还可以依据《中华人民共和国工会法》（以下简称《工会法》）的规定，行使民主管理的权利，维护其合法权益。根据《工会法》的规定，企业的工会依照法律规定通过职工代表大会或者其他形式，组织职工参与本单位的民主决策、民主管理和民主监督。企业单位违反职工代表大会制度和其他民主管理制度，工会有权要求纠正，保障职工依法行使民主管理的权利。

随着经济体制改革特别是国有企业改革的不断深化，一些国有企业被私人资本、集体资本或者外资并购或者与它们合资，在此情形下，国有企业的民主管理就要依据一些专门法律的规定进行。例如，《公司法》第 4 条规定："公司股东依法享有资产收益、参与重大决策和选择管理者等权利。"《公司法》还进一步规定，股东会是公司的权力机构，股东会会议由股东按照出资比例行使表决权。这样，国有企业如果进入股份制公司，其民主管理的方式就要依照公司法的有关规定进行，即按照出资比例行使权利。如果国有企业与外国公司、企业和其他经济组织或者个人进行合资或者合作，其民主管理的方式就应当按照《中外合资经营企业法》《中外合作经营企业法》的有关规定进行。根据《中外合资经营企业法》的规定，合资企业设立董事会，其人数组成由合营各方协商，在合同章程中规定，并由合营各方委派或者撤换。董事长和副董事长由合营各方协商确定或者由董事会选举产生。合营企业的职工依法建立工会组织，开展工会活动，维护职工的合法权益。根据《中外合作经营企业法》的规定，合作企业设立董事会或者联合管理机构，依照合作企业合同或者章程的规定，决定合作企业的重大问题。中外合作者的一方担任董事会的董事长、联合管理机构的主任的，由他方担任副董事长、副主任。合作企业的职工依法建立工会组织，开展工会活动，维护职工的合法权益。

## 6. 宪法为何规定国家鼓励社会力量举办各种教育事业?

《宪法》第19条第4款规定:“国家鼓励集体经济组织、国家企业事业组织和其他社会力量依照法律规定举办各种教育事业。”

社会力量兴办教育是指各种社会力量以捐赠、出资、投资、合作等方式举办或者参与举办法律法规允许的各级各类学校和其他教育机构。改革开放以来,作为社会力量兴办教育主要形式的民办教育不断发展壮大,形成了从学前教育到高等教育、从学历教育到非学历教育,层次类型多样、充满生机活力的发展局面,有效增加了教育服务供给,为推动教育现代化、促进经济社会发展做出了积极贡献,已经成为社会主义教育事业的重要组成部分。教育是立国之本,是提高民族素质的最重要的手段,是社会主义现代化建设的基础。在改革开放和现代化建设中,大力发展教育事业,提高全体人民的素质,对于促进社会主义物质文明和精神文明建设,促进社会的全面进步和发展,实现中华民族的伟大复兴,都具有十分重要的意义。为此,该条将发展社会主义的教育事业,提高全国人民的科学文化水平,作为一条重要的宪法原则规定下来。

由于我国是大国,地区间经济发展水平有较大差距,仅仅由国家举办学校不能满足教育事业发展的需要。实施科教兴国战略,为国家和社会培养大批人才,提高全民族的文化素质,必须依靠社会力量举办教育。因此,宪法将鼓励社会力量办学作为一项重要的教育政策确定下来。社会力量办学,包括集体经济组织、国家企业事业组织和其他社会力量举办的各类学校和其他教育机构。《中华人民共和国教育法》第26条进一步规定:“国家鼓励企业事业组织、社会团体、其他社会组织及公民个人依法举办学校及其他教育机构。”公益事业捐赠法对有关社会力量捐资办学的活动规定了一系列优惠政策。《中华人民共和国民办教育促进法》(以下简称《民办教育促进法》)对社会力量办学的相关事项作出全面规定。《民办教育促进法》第3条规定:“民办教育事业属于公益性事业,是社会主义教育事业的组成部分。”“国家对民办教育实行积极鼓励、大力扶持、正确引导、依法管理的方针。”这部法律专门规定了扶持与奖励社会力量举办学校和其他教育机构的措施。例如,县级以上的人民政府可以设立专项资金,用于资助民办学校的发展,奖励和表彰有突出贡献的集体和个人;民办学校享受国家的税收优惠政策;国家鼓励金融机构运用信贷手段，支持民办教育事业的发展；兴建、扩建民办学校，人民政府应当按照公益事业用地及建设的有关规定给予优惠；民办学校在扣除办学成本、预留发展基金以及按照国家有关规定提取其他必需的费用后，出资人可以从办学结余中取得合理回报等。

## 7. 宪法如何体现对非公有经济规定的不断完善?

1982年《宪法》第11条规定：“在法律规定范围内的城乡劳动者个体经济，是社会主义公有制经济的补充。国家保护个体经济的合法的权利和利益。国家通过行政管理，指导、帮助和监督个体经济。”1988年宪法修正案在该条中增加规定：“国家允许私营经济在法律规定的范围内存在和发展。私营经济是社会主义公有制经济的补充。国家保护私营经济的合法的权利和利益，对私营经济实行引导、监督和管理。”1999年宪法修正案将该条修改为：“在法律规定范围内的个体经济、私营经济等非公有制经济，是社会主义市场经济的重要组成部分。国家保护个体经济、私营经济的合法的权利和利益。国家对个体经济、私营经济实行引导、监督和管理。”2004年宪法修正案第21条将该条第2款“国家保护个体经济、私营经济的合法的权利和利益。国家对个体经济、私营经济实行引导、监督和管理”修改为“国家保护个体经济、私营经济等非公有制经济的合法的权利和利益。国家鼓励、支持和引导非公有制经济的发展，并对非公有制经济依法实行监督和管理”。

非公有制经济是与公有制经济相对应的概念。过去我们长期受“左”的思想影响，片面追求公有化的程度，排斥其他所有制的经济形式，我国的经济制度一度单纯是公有制即全民所有制和劳动群众集体所有制。实践证明，在社会主义初级阶段，这种单纯的公有制经济形式，不能覆盖国家的全部经济生活，不能反映社会生产力发展的客观需要。改革开放以来，我国的非公有制经济取得巨大发展，已经由社会主义公有制经济的必要补充，发展为社会主义市场经济的重要组成部分。

非公有制经济的范围主要包括：①个体经济。个体经济是从事个人占有、个人经营、不剥削他人的经济形式，它具有点多、面广、小型多样、灵活经营的特点。在社会主义初级阶段，个体经济的存在和发展，具有全民所有制和劳动群众集体所有制所不可替代的作用。根据民法通则的规定，个体经济在法律上具体表现为个体工商户，对其合法财产享有所有权，在法律规定和核准登记的范围内，有自主经营权等权利。②私营经济。私营经济是存在雇佣劳动关系的经济成分。这种经济形式的特点是，在企业内部存在雇佣与被雇佣的剥削关系，具有资本主义性质。但是，在社会主义条件下，这种资本主义性质的经济形式，不仅同公有制经济存在联系，而且其发展方向是由公有制经济影响和决定的，它不可能影响社会主义经济制度的性质和发展方向。在社会主义初级阶段，私营经济的存在和发展，对于扩大就业、活跃市场、促进生产等都具有积极作用。③外资经济。除了个体经济、私营经济外，我国的非公有制经济成分还包括外资经济，主要是指中外合资经营企业、中外合作经营企业和外商独资企业。这三种形式的外商投资企业，对引进外资和先进技术，提高我国的生产力水平都具有重要意义。《宪法》第 18 条第 1 款规定："中华人民共和国允许外国的企业和其他经济组织或者个人依照中华人民共和国法律的规定在中国投资，同中国的企业或者其他经济组织进行各种形式的经济合作。"

上述三种形式的非公有制经济的存在和经营活动，必须在法律规定的范围内进行。对于个体经济和私营经济，国家已制定了《中华人民共和国民法总则》（以下简称《民法总则》）《中华人民共和国民法通则》《中华人民共和国合同法》《公司法》《中华人民共和国合伙企业法》《中华人民共和国中小企业促进法》《中华人民共和国个人独资企业法》等法律，为它们的活动提供了法律依据。总体上说，国家对个体经济、私营经济的行政管理政策包括两个方面：一是国家保护个体经济、私营经济的合法的权利和利益。保护其合法的权利和利益，是个体经济、私营经济得以存在和发展的前提。二是国家通过行政管理，引导、监督和管理个体经济、私营经济。个体经济、私营经济与全民所有制经济和集体所有制经济毕竟存在区别，规模小、易盲目发展、剥削性质等弱点，为保证个体经济、私营经济为社会主义公有制经济服务，促进社会主义市场经济的发展，国家需要通过行政管理的手段，对它们予以引导、监督和管理。所谓引导，是引导它们朝着为社会主义公有制经济服务的方向发展；所谓监督，是监督它们在法律规定的范围内从事生产、经营活动；所谓管理，是行政管理机关通过行政手段为它们的生产、经营活动提供服务。对于外商投资企业的存在和发展，目前，我国已经制定了《中外合资经营企业法》

《中外合作经营企业法》和《中华人民共和国外资企业法》，对外商投资兴办企业的事项作出了具体规定。依据宪法和有关法律的规定，外资企业的设立必须经我国政府批准，受我国法律的管辖，受我国政府的管理和监督。

2004 年宪法修订后，关于非公制经济的规定体现出三个明显的特点：①国家不仅保护个体经济、私营经济合法的权利和利益，还保护其他非公有制经济的合法的权利和利益；②国家对非公有制经济实行“鼓励、支持和引导”的方针；③强调国家对非公有制经济的监督和管理必须依法实行。宪法这样规定，一方面，极大增强了包括个体经济和私营经济在内的所有非公有制经济的士气，调动了它们的积极性；另一方面，促使政府全面推进依法行政，建设法治政府。

另外，规定对非公有制经济依法实行监督和管理。在对非公有制经济实行监督和管理前面加上“依法”二字意义十分重大，它表明国家对非公有制经济由原来的行政管理转变为依法管理，标志着非公有制经济管理正式走向法制轨道。

### 8. 宪法如何确定国家机关及国家机关工作人员的基本制度和原则？

《宪法》第 27 条规定：“一切国家机关实行精简的原则，实行工作责任制，实行工作人员的培训和考核制度，不断提高工作质量和工作效率，反对官僚主义。一切国家机关和国家工作人员必须依靠人民的支持，经常保持同人民的密切联系，倾听人民的意见和建议，接受人民的监督，努力为人民服务。”该条关于国家机关及工作人员制度的规定主要包含了两方面内容。

（1）精简和效率原则

该条确立国家机关精简和效率的原则，是社会主义国家机关履行职能的客观要求。社会主义的国家机关是人民民主专政的国家机构，由人民当家做主，社会主义的国家机关是为人民服务的，反对机构重叠、冗员过剩、人浮于事、官僚主义、办事效率低，因此，国家机关应当是讲究效益的。

根据该条的规定，一切国家机关都必须实行精简的原则，根据实际工作的需要设置，明确各级各类国家机构的性质和职能；一切国家机关都实行工作责任制，明确各个国家机关以至每个国家机关工作人员的职责和权限，使他们能够各司其职、各尽其责；一切国家机关都实行工作人员的培训和考核制度，不断建立和完善国家工作人员的选拔、任用、考核、培训制度，提高国家工作人员的素质；一切国家机关都要不断提高工作质量和工作效率，反对官僚主义。

实行国家机构的精简和效率，是我国政治体制改革的重要内容。1982年宪法颁布实施以来，为落实该条的规定，消除国家机构的臃肿重叠、职责不清，克服官僚主义作风，更好地完成国家机关为人民服务的职能，党和国家一直十分重视国家机构的改革，采取了一系列措施，取得了明显成效。在社会主义市场经济条件下，改革国家机构的组织和活动，转变政府职能，将是一项长期和艰巨的任务。为此，需要修改完善有关国家机构的组织和职权方面的法律，制定规范国家工作人员活动的法律。

（2）密切联系群众的原则

对于国家机关及其工作人员的联系群众原则，1954 年宪法的规定是，“一切国家机关必须依靠人民群众，经常保持同群众的密切联系，倾听群众的意见，接受群众的监督。”“一切国家机关工作人员必须效忠人民民主制度，服从宪法和法律，努力为人民服务。”1975 年宪法的规定是，国家机关和工作人员必须“密切联系群众，全心全意为人民服务。各级干部都必须参加集体生产劳动”。1978 年宪法的规定是，“国家机关必须经常保持同人民群众的密切联系，依靠人民群众，倾听群众意见，关心群众疾苦”；国家机关工作人员必须“全心全意为人民服务，努力钻研业务，积极参加集体生产劳动，接受群众监督”。1982 年宪法在总结以前这些规定的基础上，在该条作出了比较实际、全面和简洁的规定。

人民群众是社会主义国家的主人，社会主义现代化建设事业必须依靠人民。国家机构及其工作人员本身就是人民民主专政的武器，其任务就是反映人民的愿望和要求，全心全意为人民服务。根据该条的规定，一切国家机关和国家工作人员必须认真贯彻党的群众路线，采取群众路线的工作方法，深入实际，调查研究，把人民群众分散的意见科学地结合起来，形成计划、政策和法律法规，然后在群众中加以贯彻实施，“从群众中来，到群众中去”；经常保持同人民群众的密切联系，倾听人民的意见和建议，尊重人民群众的主人翁地位和首创精神，并且依靠他们的支持来完成各项工作，自觉接受人民群众的监督，努力为人民服务。

## 9. 宪法对公民选举权和被选举权有哪些规定?

关于选举权和被选举权,1954 年宪法的规定是:“中华人民共和国年满十八岁的公民,不分民族、种族、性别、职业、社会出身、宗教信仰、教育程度、财产状况、居住期限,都有选举权和被选举权。但是有精神病的人和依照法律被剥夺选举权和被选举权的人除外。妇女有同男子平等的选举权和被选举权。”1975 年宪法和 1978 年宪法的规定是:“年满十八岁的公民,都有选举权和被选举权。依照法律被剥夺选举权和被选举权的人除外。”1982 年宪法关于选举权与被选举权问题,基本恢复了 1954 年宪法的规定,同时,又对其中的部分内容作出了修改:一是将“十八岁”改为“十八周岁”。二是将“社会出身”改为“家庭出身”。三是删去了“有精神病的人”没有选举权和被选举权的规定。理解该条的规定需要从以下几个方面进行。

(1)选举权和被选举权的含义

宪法规定,国家的一切权力属于人民。人民行使权力的途径有两条,一是通过是全国人民代表大会和地方各级人民代表大会行使当家做主的权利;二是人民依照法律规定,通过各种途径和形式,管理国家事务,管理经济和文化事业,管理社会事务。其中,第二种途径就包括直接民主的方式,即公民直接行使自己的各项民主权利,管理各项事务。而通过全国人民代表大会和地方各级人民代表大会行使权利的方式,是间接民主,即公民必须先选举产生自己的代表组成各级权力机关,再由各级权力机关代替公民去行使当家做主的权利,而公民的选举权和被选举权就是实现这种间接民主的必经程序。

对于选举权和被选举权的含义,有狭义和广义两个方面的理解。从狭义上说,所谓选举权,是指公民按照自己的意愿,依照法律规定的程序直接选举县乡两级人民代表大会代表的权利,而不包括选举设区的市、自治州以上的人民代表的权利,以及选举产生其他国家公职人员的权利。被选举权是指公民依照法律规定有被选举成为县乡两级人民代表大会代表的权利。从广义上说,所谓选举权,是指公民按照自己的意愿,依照法律规定的程序,选举产生各级权力机关的组成人员和选举产生依法应当通过选举方式产生的其他国家公职人员的权利。所谓被选举权是指公民有依照法律规定被选举成为各级人大代表和依法应当通过选举方式产生的其他国家公职人员的权利。这样，公民的选举权和被选举权涉及的范围就包括三个方面：一是直接选举产生或者被选举成为县乡两级人大代表的权利；二是间接选举产生或者被选举成为设区的市、自治州以上各级人民代表的权利；三是通过人民代表大会选举或者被选举成为国家公职人员的权利。对该条规定的公民选举权和被选举权应当作广义的理解。

（2）选举权、被选举权的特点

根据该条的规定，中华人民共和国公民，只要年满18周岁，即具有选举权和被选举权。选举权和被选举权有以下特点：①具有广泛性。凡年满18周岁的公民，不分民族、种族、性别、职业、家庭出身、宗教信仰、教育程度、财产状况、居住期限、都有选举权和被选举权。②具有平等性。每一个公民在一次选举中，只有一次投票权，其投票的效力是平等的。当然，需要注意的是，基于历史和现实的原因，我国的选举中也还存在一些不平等的因素。例如，农村一定数量的人口数所能选出的代表人数，就远远低于城市同样的人口数所能选出的代表人数。这一情况实际意味着农村选民在选举中投票的效力与城市选民在选举中投票的效力是不平等的。③公民行使选举权不仅有法律保障，还有物质保障。《中华人民共和国全国人民代表大会和地方各级人民代表大会选举法》第8条规定："全国人民代表大会和地方各级人民代表大会的选举经费，列入财政预算，由国库开支。"

（3）选举权和被选举权的限制

根据该条的规定，公民行使选举权和被选举权，还须具备两个基本条件：一是年龄条件。依据宪法的规定，我国公民行使选举权和被选举权的年龄条件有两个，一个是普通公民行使选举权与被选举权需要年满18周岁。前几部宪法对选举年龄的规定都是"年满十八岁"，1982年宪法将"十八岁"改为"十八周岁"，就更加准确。所谓18周岁，指的是公民从出生之日起到第18个年份同月同日的实足年龄。将普通公民的选举年龄确定为18周岁，主要是从自然规律与社会规律来看，18周岁是划分公民成年与未成年的界限，到了18周岁，公民的生理和心理已趋于成熟，具备了辨别自我行为的能力。另一个是一些特殊的职务要有特殊的年龄限制。例如，《宪法》第79条第2款规定："有选举权和被选举权的年满四十五周岁的中华人民共和国公民可以被选为中华人民共和国主席、副主席。”国家主席、副主席是国家的重要象征，公民必须具有丰富的阅历和崇高的社会威望，才可担任这一职务，而要具有丰富的阅历和崇高的社会威望，就必须达到一定的年龄。不仅是国家主席、副主席，在实践中，公民要通过选举担任其他一些重要的职务，达不到一定的年龄和阅历，也几乎是不可能的。二是政治权利方面的条件。选举权和被选举权是公民重要的政治权利。根据该条的规定，依照法律被剥夺政治权利的人，不得享有选举权和被选举权。依照法律被剥夺政治权利的人，是指人民法院依据我国刑法的规定，对某一犯罪行为判处剥夺政治权利刑罚的人，主要包括危害国家安全的犯罪分子、严重破坏社会秩序的犯罪分子和其他被剥夺政治权利的犯罪分子。根据刑法的规定，剥夺政治权利的内容包括：①选举权和被选举权；②宪法规定的公民享有言论、出版、集会、结社、游行、示威自由的权利；③担任国家机关职务的权利；④担任国有公司、企业、事业单位和人民团体领导职务的权利。

此外，选举权还有停止行使和不行使的情形。根据 1983 年《全国人民代表大会常务委员会关于县级以下人民代表大会代表直接选举的若干规定》的规定，因反革命案或者其他严重刑事犯罪案被羁押，正在受侦查、起诉、审判的人，经人民检察院或者人民法院决定，在被羁押期间停止行使选举权利。而其中，下列人员准予行使选举权利：①被判处有期徒刑、拘役、管制而没有附加剥夺政治权利的人；②被羁押，正在受侦查、起诉、审判，人民检察院或者人民法院没有决定停止行使选举权利的；③正在被取保候审或者被监视居住的；④正在被劳动教养的；⑤正在受拘留处罚的。由此看出，服刑人员是否享有选举权不能一概而论。如果被判处有期徒刑、拘役、管制而同时附加剥夺政治权利的，在剥夺政治权利期间，不享有选举权；如果没有同时附加剥夺政治权利的，则享有选举权。被羁押人员享有选举权，但又要根据不同情况确定是否能够行使这项权利。因危害国家安全或其他严重刑事犯罪而受侦查、起诉、审判的，经司法机关决定，羁押期间停止行使该项权利。司法机关没有决定停止行使选举权的，则可以行使这项权利。受劳动教养人员和受拘留处罚的人员则仍然享有选举权。以上所列人员参加选举，由选举委员会和执行监禁、羁押、拘留或者劳动教养的机关共同决定，可以在流动投票箱投票，或者委托有选举权的亲属或者其他选民代为投票。被判处拘役、受拘留处罚或者被劳动教养的人也可以在选举日回原选区参加选举。

1983 年《全国人民代表大会常务委员会关于县级以下人民代表大会代表直接选举的若干规定》还规定："精神病患者不能行使选举权利的，经选举委员会确认，不行使选举权利。"1954 年宪法将有精神病的人和剥夺政治权利的人放在一起，作为行使选举权和被选举权的例外规定，并不合适。因为精神病患者与被剥夺政治权利的人在行使选举权方面是有重要区别的，精神病患者有选举权，只是由于不能辨别自己的意识和行为而不能行使选举权利，而被剥夺政治权利的人是没有选举权的。因此，1982 年宪法对此作了修改。

### 10. 宪法关于公民人格尊严不受侵犯有哪些规定?

对于公民的人格尊严受保护问题，前几部宪法没有作出规定。1982 年宪法总结历史教训，作出了保护公民人格尊严的规定。现行《宪法》第 38 条规定："中华人民共和国公民的人格尊严不受侵犯。禁止用任何方法对公民进行侮辱、诽谤和诬告陷害。"

所谓人格尊严不受侵犯也就是指公民的人格权不受侵犯。人格权是法律上作为权利和义务主体的人的资格，也是做人的起码资格。人格权有广义和狭义之分。广义的人格权包括公民的生命权、健康权、身体权、姓名权、肖像权、名誉权、荣誉权、隐私权等；狭义的人格权通常是指公民的名誉权。对于该条规定的公民人格权适宜做广义的理解。目前，我国的人格权法律制度已基本建立起来。根据民法通则等法律的规定，公民人格权的内容包括生命健康权、姓名权、名誉权、荣誉权、肖像权、婚姻自主权等。《民法总则》第 109 条规定："自然人的人身自由、人格尊严受法律保护。"第 110 条规定："自然人享有生命权、身体权、健康权、姓名权、肖像权、名誉权、荣誉权、隐私权、婚姻自主权等权利。法人、非法人组织享有名称权、名誉权、荣誉权等权利。"针对互联网对人们的影响日益深入的情况，第 111 条规定："自然人的个人信息受法律保护。任何组织和个人需要获取他人个人信息的，应当依法取得并确保信息安全，不得非法收集、使用、加工、传输他人个人信息，不得非法买卖、提供或者公开他人个人信息。"对非法取得他人信息，侵犯他人权利的行为在法律上加以规定。

所谓“尊严”，是指人的自尊心不受伤害、个人价值不被贬低的权利。人格尊严不受侵犯，是做人的一个基本条件，也是社会文明进步的一个基本标志。

所谓“侮辱”，是指使用暴力或者其他方法，公然贬低他人人格、损害他人名誉的行为。这种行为通常包括两种情况：一是用暴力等强制方法对他人进行侮辱；二是用言词或者书面方式当众或者公开对他人进行侮辱。“公然”是指在公开场合或者在其他使众多人知道的情况下对他人进行侮辱。所谓“诽谤”是指故意捏造并散布虚假事实，无中生有，损害他人人格尊严的行为。所谓“诬告陷害”是指为对某一公民达到陷害目的，通过捏造虚假事实，以口头的、书面的、署名的或者匿名的等方式，向有关机关或者单位作虚假告发的行为。侮辱、诽谤和诬告陷害都是侵犯公民人格尊严的行为，为宪法和法律所禁止。除了上述民法通则对这些侵权行为有关民事责任的规定外，我国刑法还分别规定了侮辱罪、诽谤罪和诬告陷害罪，规定了实施这些侵权行为所应当承担的刑事法律责任。《中华人民共和国刑法》（以下简称《刑法》）第246条第1款规定：“以暴力或者其他方法公然侮辱他人或者捏造事实诽谤他人，情节严重的，处三年以下有期徒刑、拘役、管制或者剥夺政治权利。”第243条规定：“捏造事实诬告陷害他人，意图使他人受到刑事追究，情节严重的，处三年以下有期徒刑、拘役或者管制；造成严重后果的，处三年以上十年以下有期徒刑。国家工作人员犯前款罪的，从重处罚。”

### 11. 宪法对人身自由权的保护有哪些规定？

人身自由不受侵犯是公民具有的不受非法限制人身自由的权利，作为一项基本人权，人身自由体现了公民的宪法地位，在没有宪法的支撑下任何组织和个人都不能剥夺公民的人身自由。同时，宪法中规定了人身自由是公民的一种相对的权利，《宪法》明确规定：任何公民行使人身自由权利的同时，不得行使有害于他人的行为，不得侵害他人的人身权利自由；国家机关可依照法定的程序进行限制和剥夺。

人身自由，从广义上来说，是指公民个人在符合国家法律要求的范围内，有一切举止行动的自由。也就是说，人在社会生活中，具有在法律和道德规范范围内，个人社会活动和私人活动的自由。人身自由权是公民日常权利生活中最直观的部分，是公民安全地参加社会活动和享受个人幸福的基本保障，也是公民得以行使其他各种权利的先决条件。人身自由属于生命权的范畴，自出生之日起，人就拥有了来源于人对生命和他人的尊重而具有的平等的生命权，也是人的生存发展的保证。概括来说，广义的人身自由除身体自由外，还包括人格尊严不受侵犯、住宅不受侵犯、迁徙自由、通信自由和通信秘密受法律保护等。《宪法》第 37 条到第 40 条对人身权的保护做了规定。其中第 37 条规定："中华人民共和国公民的人身自由不受侵犯。任何公民，非经人民检察院批准或者决定或者人民法院决定，并由公安机关执行，不受逮捕。禁止非法拘禁和以其他方法非法剥夺或者限制公民的人身自由，禁止非法搜查公民的身体。"为保证公民的人身自由权利不受侵犯，我国多部法律对此作出了进一步保障规定。如对逮捕、拘留等强制措施作出了严格规定。逮捕犯罪嫌疑人、被告人必须经过人民检察院批准或者人民法院决定，由公安机关执行。公安机关要求逮捕犯罪嫌疑人的时候，应当写出提请批准逮捕书，连同案卷材料、证据，一并移送同级人民检察院审查批准。人民检察院审查批准逮捕犯罪嫌疑人由检察长决定。重大案件应当提交检察委员会讨论决定。公安机关逮捕犯罪嫌疑人时，必须出示逮捕证。逮捕后，除有碍侦查或者无法通知的情形外，应当把逮捕的原因和羁押的处所，在 24 小时以内通知被逮捕人的家属或者他的所在单位。人民法院、人民检察院对于各自决定逮捕的人，公安机关对于经人民检察院批准逮捕的人，都必须在逮捕后的 24 小时内进行讯问。在发现不应当逮捕时，必须立即释放。

拘留分为刑事拘留和行政拘留。刑事拘留是刑事诉讼过程中采取的一种强制措施，行政拘留则属于行政处罚的一种。公安机关在执行拘留时，必须出示拘留证，拘留后，除有碍侦查或者无法通知的情形外，应当把拘留的原因和羁押的处所，在 24 小时以内，通知被拘留人的家属或者他的所在单位。对所拘留的人，应当在拘留后的 24 小时以内进行讯问。在发现不应当拘留的时候，必须立即释放，发给释放证明。而行政拘留，必须由县级以上人民政府公安机关决定。

宪法禁止非法搜查身体。首先，搜查身体只能由刑事侦查人员进行。在刑事诉讼过程中，为了收集证据、查获犯罪人，侦查人员可以对犯罪嫌疑人以及可能隐藏罪犯或者犯罪证据的人的身体、物品、住处和其他有关的地方进行搜查。进行搜查，必须出示搜查证。搜查时，应当有被搜查人或他的亲属、邻居或其他见证人在场。搜查妇女时，应当由女工作人员进行。对于非法搜查他人身体的，根据我国刑法规定，应承担刑事责任。非法拘禁或以其他手段非法限制人身自由的，也应承担相应的责任。现实中，法律未赋予搜查权的组织和个人非法对他人实施搜查的现象时有发生，人身权的保障，不仅需要法律进一步完善，还需公民增强权利意识，在人身权受到侵害时及时主张权利。

### 12. 公民是否有获得国家赔偿的权利？

国家赔偿是指国家机关及其工作人员因行使职权给公民、法人及其他组织的人身权或财产权造成损害，依法应给予的赔偿。国家赔偿由侵权的国家机关履行赔偿义务。根据 1995 年 1 月 1 日起施行的《中华人民共和国国家赔偿法》（以下简称《国家赔偿法》）的规定，国家赔偿一般包括行政赔偿、刑事赔偿和司法赔偿。

《宪法》第 41 条第 3 款规定了国家赔偿的内容："由于国家机关和国家工作人员侵犯公民权利而受损失的人，有依照法律规定取得赔偿的权利。"值得注意的是，1954 年宪法就对国家赔偿作了规定："中华人民共和国公民对于任何违法失职的国家机关工作人员，有向各级国家机关提出书面控告或者口头控告的权利。由于国家机关工作人员侵犯公民权利而受到损失的人，有取得赔偿的权利。"而 1975、1978 年宪法均未规定这方面内容。现行宪法又恢复了 1954 年宪法的规定。1989 年通过《中华人民共和国行政诉讼法》也确定了行政赔偿制度。目前，我国国家赔偿的主要法律依据是《国家赔偿法》。该法对行政赔偿、刑事赔偿和民事、行政诉讼中的国家赔偿问题都作了规定。

公民有权依法取得国家赔偿的情形主要有以下方面。

（1）行政赔偿。行政机关及其工作人员在行使行政职权时有下列侵犯人身权情形之一的，受害人有取得赔偿的权利：①违法拘留或者违法采取限制公民人身自由的行政强制措施的；②非法拘禁或者以其他方法非法剥夺公民人身自由的；③以殴打、虐待等行为或者唆使、放纵他人以殴打、虐待等行为造成公民身体伤害或者死亡的；④违法使用武器、警械造成公民身体伤害或者死亡的；⑤造成公民身体伤害或者死亡的其他违法行为。行政机关及其工作人员在行使行政职权时有下列侵犯财产权情形之一的，受害人有取得赔偿的权利：①违法实施罚款、吊销许可证和执照、责令停产停业、没收财物等行政处罚的；②违法对财产采取查封、扣押、冻结等行政强制措施的；③违法征收、征用财产的；④造成财产损害的其他违法行为。属于下列情形之一的，国家不承担赔偿责任：①行政机关工作人员与行政职权无关的个人行为；②因公民、法人和其他组织自己的行为致使损害发生的；③法律规定的其他情形。

（2）刑事赔偿。行使侦查、检察、审判职权的机关以及看守所、监狱管理机关及其工作人员在行使职权时有下列侵犯人身权情形之一的，受害人有取得赔偿的权利：①违反刑事诉讼法的规定对公民采取拘留措施的，或者依照刑事诉讼法规定的条件和程序对公民采取拘留措施，但是拘留时间超过刑事诉讼法规定的时限，其后决定撤销案件、不起诉或者判决宣告无罪终止追究刑事责任的；②对公民采取逮捕措施后，决定撤销案件、不起诉或者判决宣告无罪终止追究刑事责任的；③依照审判监督程序再审改判无罪，原判刑罚已经执行的；④刑讯逼供或者以殴打、虐待等行为或者唆使、放纵他人以殴打、虐待等行为造成公民身体伤害或者死亡的；⑤违法使用武器、警械造成公民身体伤害或者死亡的。行使侦查、检察、审判职权的机关以及看守所、监狱管理机关及其他工作人员在行使职权时有下列侵犯财产权情形之一的，受害人有取得赔偿的权利：①违法对财产采取查封、扣押、冻结、追缴等措施的；②依照审判监督程序再审改判无罪，原判罚金、没收财产已经执行的。

人民法院在民事诉讼、行政诉讼过程中，违法采取对妨害诉讼的强制措施、保全措施或者对判决、裁定及其他生效法律文书执行错误，造成损害的，赔偿请求人可以依法获得赔偿。

提出国家赔偿的程序：

刑事赔偿以及人民法院在民事、行政诉讼过程中的国家赔偿，赔偿请求人应当先向赔偿义务机关提出。赔偿义务机关逾期不予赔偿或者赔偿请求人对赔偿数额有异议的，赔偿请求人可以在法定期限内向其上一级机关申请复议。其中，赔偿义务机关是人民法院的，赔偿请求人可以依照规定向其上一级人民法院赔偿委员会申请作出赔偿决定。

行政赔偿的赔偿请求人要求赔偿应当先向赔偿义务机关提出，也可以在申请行政复议和提起行政诉讼时一并提出。但是，单独就损害赔偿提出请求的，应当先由行政机关解决；对行政机关的处理不服，可以向人民法院提起诉讼，赔偿诉讼可以适用调解。

## 13. 公民接受教育的权利如何得到平等保障？

《宪法》第46条第1款规定，“中华人民共和国公民有受教育的权利和义务”。

教育对于公民来说是实现自身价值以及全面发展的必要手段，因此在教育领域的权利是公民极其重要的基本权利。

公正平等是人们对于生活环境的普遍追求，教育作为一种培养人的活动，在我们生活中占据了举足轻重的地位，所以教育这片净土更应该被公平对待。《世界人权宣言》以及各国法律都有关于公民的最重要的基本权利之一——受教育权的相关规定与描述。无论是立足于现在，还是以发展的眼光着眼于未来，无论处于什么政治制度以及什么社会形势下，教育都是人类生存生活的基本需要，也是国家公民的基本权利。

受教育的权利是指公民有从国家获得接受教育的机会以及接受教育的物质帮助的权利。其中教育的形式有学校教育、社会教育、成人教育、自学等；教育的等级包括学龄教育、初等教育、中等教育、高等教育以及职业教育等。受教育权与平等原则的关系主要指平等原则在受教育权中的实现，即公民的受教育权应当受到法律的平等保护。平等受教育权的重要环节就是平等的入学权和考试竞争入学权。

宪法作为国家的根本大法，其规定具有导向性、抽象性、原则性和宣言性的特征，其实施和贯彻尚需通过具体的法律，作为社会权利的受教育权，其在总体上也符合社会权利的这一特性，其实现需要立法机关制定法律。宪法规定的受教育权只是一个原则性的规定，这一权利的具体实现需要立法机关设定标准、实施的方法、违法的救济。《中华人民共和国义务教育法》（以下简称《义务教育法》）第1条开宗明义地规定：“为了保障适龄儿童、少年接受义务教育的权利，保证义务教育的实施，提高全民族素质，根据宪法和教育法，制定本法。”该条规定，则是从保障符合法律规定条件的人群受教育权的角度明确了该法的立法宗旨。为了普及义务教育，《义务教育法》第2条第1款和第2款规定了“国家实行九年义务教育制度。”“义务教育是国家统一实施的所有适龄儿童、少年必须接受的教育，是国家必须予以保障的公益性事业。”同时，该法在第4条中还规定：“凡具有中华人民共和国国籍的适龄儿童、少年，不分性别、民族、种族、家庭财产状况、宗教信仰等，依法享有平等接受义务教育的权利，并履行接受义务教育的义务。”从上述规定可以看出，义务教育所适用的对象，是所有符合《义务教育法》所规定的“适龄儿童、少年”，宪法所规定的平等的受教育权在基础教育领域得到了较为完整的体现。

但在现今社会中，教育资源在实际分配中的不平等，义务教育发展不均衡现象仍然突出。随着竞争的激烈，教育不平等现象屡见不鲜。这些现象，影响了正常的教育秩序。作为一项宪法权利，受教育权在宪法性质上属于积极的社会权利，而不是消极的自由权，是宪法赋予国家的积极责任，也是实质平等价值的宪法形式体现。因此，国家有义务通过宪法和法律保障公民受教育权的实现，最大限度地解决现实中的教育资源分配不公现象。

城乡地域差异导致公民受教育权不平等，这就需要制定新的一系列更加贴合实际城乡发展，有利于促进城乡差距缩小，实现真正教育平等的政策；残障人群的平等受教育权缺乏保障，保障残障人群的教育也是国家在承担教育职能时所面对的难题之一；贫困群体的平等受教育权缺乏保障，也是一项艰巨的任务。作为公民的一项基本权利，受教育权的平等保护是国家针对教育问题不可忽视的重要问题。

### 14. 宪法对公民权利规定了怎样的限制条款？

保护宪法权利是现代宪法的基础，而限制宪法权利又被认为是现代宪法之公理。我国现行《宪法》第51条是宪法权利限制性条款，规定：“中华人民共和国公民在行使自由和权利的时候，不得损害国家的、社会的、集体的利益和其他公民的合法的自由和权利。”

权利和自由都是有限度的。只有依法行使自由和权利，并且在行使自由和权利之时不侵犯其他人的合法权益，才能保证自身权利的行使。我国几次宪法修正案在公民权利方面都做了修正，扩大了公民基本权利和自由的范围，将人权写入宪法，更加显示了国家对公民权利的尊重进一步加强。但无论在哪个社会，公民究竟应如何行使权利和自由，才能最大限度地使宪法保障的权利和自由得以实现，都有一个基本的标准。

任何公民的权利和自由都是法律上的权利和自由。这些权利和自由的存在意味着公民可以做法律所许可做的事。因此，任何权利和自由都不是绝对的，而必然要受法律约束，权利只有根据法律的规定才能实现，也只有依法行使才能实现。超越法律的规定行使“权利”的行为，不但不受法律的保护，还要受到法律的追究。法律在哪里实现自由，也必将在哪里限制自由。

现行宪法在扩大和保障我国公民的基本权利和自由时，对公民行使基本权利和自由也做了合理的限制，即“不得损害国家的、社会的、集体的利益和其他公民的合法的自由和权利”。公民在行使权利时，不得损害国家的、社会的、集体的利益，而一旦损害了其他公民的合法权利，将构成侵权行为。宪法在保障公民自由和权利行使时，还需其他的相关法律规范，一方面，从法律上保护公民合法自由和权利的行使；另一方面，对损害其他公民合法权益的行为依法予以追究。

### 15. 纳税为什么是公民的义务?

《宪法》第56条规定：“中华人民共和国公民有依照法律纳税的义务。”税收是国家为了实现自己的职能，按照法律预先设置的标准，强制地、无偿地向纳税人征收的实物或货币。它的特点是具有强制性、无偿性和法定性。在阶级社会，任何统治者都要建立国家管理机关，实现其统治职能。而建立国家统治机关，雇佣国家公职人员，就必须有各项经费开支。维护国家机器正常运转的经费必须由国家的组成要素包括公民和各类生产经营组织交纳。社会主义税收是取之于民、用之于民的新型税收，劳动人民是税收的最终受益者。权利和义务是统一的，公民享受国家提供的服务，就必须承担相应的义务。自觉纳税是公民具有社会责任感和国家主人翁地位的体现。税收作为国家的必要收取，是符合人民利益的。纳税是公民维护国家利益，从而使自己的切身利益得以实现和保障的必由之路，是公民享受国家保护和关怀的前提条件。因此，宪法中明确规定了公民具有纳税义务。一方面，税收是一项严肃和稳定的国家活动，具有很大的强制性、无偿性和权威性，因此，必须由具有很高位阶的法律予以规定。另一方面，也是最重要的，由于税收涉及全体公民和义务纳税单位的财产权利，因此，创设税法、规定税收的权力应当属于全体人民或者由全体人民选出的代议机关。

在我国，决定税收的机关应当是全国人民代表大会及其常务委员会。根据该条的规定，只有法律才能规定公民的纳税义务。《中华人民共和国立法法》（以下简称《立法法》）第 8 条规定，有关税收制度的事项属于全国人民代表大会及其常务委员会的专属立法权限，即只能制定法律予以规定。目前，我国已制定或者修改了税收征管法、个人所得税法等法律，对我国公民的纳税义务作出规定。1984 年全国人民代表大会常务委员会决定，授权国务院在经济体制改革期间，就改革工商税制发布有关条例草案试行。因此，国务院根据授权就此制定了一些确定公民纳税义务的行政法规。但在积累经验、条件成熟后，这方面的税收制度仍然应当由全国人大及其常委会制定法律予以规定。

宪法中的税与普通法律中的税有着不同的内涵。宪法是根本法、价值法，因此，宪法文本中的税与普通法律中的税有所不同。宪法中规定公民有依照法律纳税的义务，但是，公民并不因此条款而直接承担纳税义务，还必须通过普通法律加以具体化。从内在规定性来说，宪法中的税是普通法律中的税的正当性的判断标准。

宪法中的税具有以下几个特点：①税收必须符合国家根本任务的价值取向。宪法中关于国家任务的条文，为宪法处理国家利益与社会利益、个人利益，以及整体利益与局部利益之间的关系提供了价值标准。②公民纳税义务与国家征税权、预算权紧密相连，必须从国家机关的职权与行使程序中，理解税的合法性、合理性。③宪法中关于市场经济地位的确立，赋予税收更多调控经济的职能，是保持稳定的税收立法和灵活多变的税收调控政策之间的平衡基因。④人权条款及社会保障条款等的引人，使得国家必须为承担相应的给付义务而改革税收，促进社会公平与公民之间的平等。

## 16. 行政法规违反宪法时如何处理？

（1）解决违宪问题的有权机关

根据《立法法》的规定，法律、行政法规等发生“下位法违反上位法”的情况的（其中包括行政法规等违反宪法情形），应当由有权机关根据其权限予以改变或撤销。具体的权限分配如下：全国人民代表大会有权改变或者撤销它的常务委员会制定的不适当的法律，有权撤销全国人民代表大会常务委员会批准的违背宪法和《立法法》第66条第2款规定的自治条例和单行条例；全国人民代表大会常务委员会有权撤销同宪法和法律相抵触的行政法规，有权撤销同宪法、法律和行政法规相抵触的地方性法规，有权撤销省、自治区、直辖市的人民代表大会常务委员会批准的违背宪法和《立法法》第66条第2款规定的自治条例和单行条例；国务院有权改变或者撤销不适当的部门规章和地方政府规章；省、自治区、直辖市的人民代表大会有权改变或者撤销它的常务委员会制定的和批准的不适当的地方性法规；地方人民代表大会常务委员会有权撤销本级人民政府制定的不适当的规章；省、自治区的人民政府有权改变或者撤销下一级人民政府制定的不适当的规章；授权机关有权撤销被授权机关制定的超越授权范围或者违背授权目的的法规，必要时可以撤销授权。

（2）提请审查的程序

国务院、中央军事委员会、最高人民法院、最高人民检察院和各省、自治区、直辖市的人民代表大会常务委员会认为行政法规、地方性法规、自治条例和单行条例同宪法或者法律相抵触的，可以向全国人民代表大会常务委员会提出进行审查的要求，由常务委员会工作机构分送有关的专门委员会进行审查、提出意见。前述规定以外的其他国家机关和社会团体、企业事业组织以及公民认为行政法规、地方性法规、自治条例和单行条例同宪法或者法律相抵触的，可以向全国人民代表大会常务委员会书面提出进行审查的建议，由常务委员会工作机构进行研究，必要时，送有关的专门委员会进行审查、提出意见（具体而言，是由法制工作委员会接收、登记，并进行研究；必要时，报秘书长批准后，送有关专门委员会进行审查）。

全国人民代表大会专门委员会在审查中认为行政法规、地方性法规、自治条例和单行条例同宪法或者法律相抵触的，可以向制定机关提出书面审查意见；也可以由法律委员会与有关的专门委员会召开联合审查会议，要求制定机关到会说明情况，再向制定机关提出书面审查意见。制定机关应当在两个月内研究提出是否修改的意见，并向全国人民代表大会法律委员会和有关的专门委员会反馈。全国人民代表大会法律委员会和有关的专门委员会审查认为行政法规、地方性法规、自治条例和单行条例同宪法或者法律相抵触而制定机关不予修改的，可以向委员长会议提出书面审查意见和予以撤销的议案，由委员长会议决定是否提请常务委员会会议审议决定。

## 17. 监督权是否是公民的宪法权利？

《宪法》第41条第1款和第2款规定："中华人民共和国公民对于任何国家机关和国家工作人员，有提出批评和建议的权利；对于任何国家机关和国家工作人员的违法失职行为，有向有关国家机关提出申诉、控告或者检举的权利，但是不得捏造或者歪曲事实进行诬告陷害。对于公民的申诉、控告或者检举，有关国家机关必须查清事实，负责处理。任何人不得压制和打击报复。"可以看出，宪法赋予了公民对国家机关及其工作人员监督的权利。

（1）公民监督权的必要性

在我国，国家的一切权力属于人民。人民可以用直接民主的方式，自己直接行使当家做主的权利，但主要还是通过间接民主的方式，选举自己的代表组成各级国家政权机关，代替人民行使当家做主的权力。对于人民群众个人直接行使权力，就不存在自己监督自己的问题。但是，对于人民通过选举产生各级国家机关及其工作人员，代替人民行使权力，就存在一个接受人民监督的问题。在国家机构及其工作人员代替人民行使权力的过程中，人民必须通过各种途径和形式对他们实行监督，以保证各级国家机关及其工作人员不折不扣地代替人民行使权力，全心全意为人民服务。该条规定的公民的各项权利就是对国家机关及其工作人员的重要的监督权利。

（2）宪法对公民监督权规定的不断完善

对于人民对国家机构及其工作人员的监督权利，1954年《宪法》第97条规定："中华人民共和国公民对于任何违法失职的国家机关工作人员，有向各级国家机关提出书面控告或者口头控告的权利。由于国家机关工作人员侵犯公民权利而受到损害的人，有取得赔偿的权利。"1975年《宪法》第 27 条第 3 款规定："公民对于任何违法失职的国家机关工作人员，有向各级国家机关提出书面控告或者口头控告的权利，任何人不得刁难、阻碍和打击报复。"1978 年《宪法》第 55 条规定："公民对于任何违法失职的国家机关和企业、事业单位的工作人员，有权向各级国家机关提出控告。公民在权利受到侵害的时候，有权向各级国家机关提出申诉。对这种控告和申诉，任何人不得压制和打击报复。"

1982 年修改宪法时，总结前几部宪法的规定，结合公民监督各级国家机关及其工作人员的具体情况，对公民的这种监督权利作出了更为全面、具体的规定，对前几部宪法的规定有重要的完善：①扩大了监督对象的范围。前几部宪法规定的监督对象，仅限于各级国家机关工作人员，但实际上，不仅是国家机关工作人员，国家机关作为一个整体，也应当接受公民的监督，因此，该条规定，各级国家机关也是公民监督的对象。②放宽了国家机关及其工作人员接受公民监督的条件。根据前几部宪法的规定，公民只能对违法失职的国家机关工作人员进行监督，但实践表明，国家机关及其工作人员不符合人民利益的所作所为，不仅限于违法失职方面的行为，还包括其他方面的不负责行为、不适当行为、效率不高行为等，因此，根据该条的规定，国家机关及其工作人员即使没有违法失职的行为，人民群众对他们的工作情况或者其他方面的情况也有提出批评和建议的权利。③进一步明确了国家机关对于公民监督的处理要求。宪法要求对于公民的申诉、控告或者检举，有关国家机关必须查清事实，负责处理，并强调任何人不得压制和打击报复。④取消了 1978 年宪法中有关公民监督企业事业单位违法失职的工作人员的规定，因为企业事业单位本身并不由人民直接或者间接选举产生，其工作人员的情况也比较复杂，不宜规定直接由公民进行监督。⑤增加规定，公民不得捏造或者歪曲事实对国家机关及其工作人员进行诬告陷害。对国家机关及其工作人员的违法失职行为，公民有提出申诉、控告或者检举的权利，但是这种权利不得被故意地错误或者违法使用，任何公民都不得假借申诉、控告或者检举为名，捏造或者歪曲事实对国家机关及其工作人员进行诬告陷害。为此，刑法专门设立了诬告陷害的罪名，对于捏造或者歪曲事实进行诬告陷害，情节严重的行为，规定了相应的刑事责任。

（3）公民监督权的具体内容

《宪法》第 41 条所规定的国家机关是指国家的各级权力机关、行政机关、审判机关、检察机关及其所属部门；所规定的国家工作人员，是指上述国家机关的领导人员和普通工作人员。

批评权是指公民对国家机关及其工作人员在工作中的缺点和错误提出批评意见的权利。

建议权是指公民为帮助国家机关及其工作人员改进工作，对国家机关及其工作人员的各项工作，提出意见和建议的权利。

控告权是指公民向有关国家机关指控或者告发某些国家机关及其工作人员各种违法失职行为的权利。包括到司法机关就有关的刑事诉讼、民事诉讼和行政诉讼的案件进行告发，到党的纪律检查机关告发，到行政机关告发等。

申诉权是指公民对本人及其亲属所受到的有关处罚或者处分不服，或者受到不公正的待遇，向有关国家机关陈述理由、提出要求的权利。申诉分为法律中的申诉和非法律中的申诉。法律中的申诉是指公民对已经发生法律效力的判决或者裁定不服，而向上级司法机关申诉的行为。非法律中的申诉是指公民对有关国家机关给予的处分或者处罚不服而向司法机关以外的国家机关提出的申诉。

检举权是指公民对国家机关及其工作人员违法失职行为向有关国家机关予以揭发的权利。

1982 年宪法修改的主导思想之一，就是特别重视人民对国家权力的监督。对于监督权，宪法主要是从人民管理国家事务的角度，而不是从消极自由的角度来建构的。1982 年宪法关于监督权的规定，要比之前的三部宪法更为详尽，保护程度更高。首先，《宪法》第 3 条第 2 款规定，全国人民代表大会和地方各级人民代表大会都由民主选举产生，对人民负责，受人民监督。《宪法》第 41 条之批评权和建议权的规定，是人民代表大会接受人民监督的重要形式，它构成了我国人民代表大会制度的必要内涵。其次，公民的意见不可能都正确，因此，正确与否并不是判断公民意见是否有价值的标准，更不是法律保护与否的尺度，即便公民的意见不正确也不能进行压制。这也体现了《宪法》第 41 条第 1 款的精义。总之，《宪法》第 41 条所规定的权利体现了公民对于国家事务的积极参与，彰显了公民对于国家事务管理的“主动身份”。

**18. 宪法宣誓制度写入宪法的意义是什么?**

全国人大常委会于2015年7月1日通过了《全国人民代表大会常务委员会关于实行宪法宣誓制度的决定》，该决定已于2018年3月12日起施行，2018年2月24日第十二届全国人民代表大会常务委员会第三十三次会议修订。这一决定是对中共中央十八届四中全会有关建立宪法宣誓制度的任务的落实。这个决定的颁布具有以下几个方面的重要意义。2018年宪法修正案在《宪法》第27条增加1款，作为第3款：“国家工作人员就职时应当依照法律规定公开进行宪法宣誓。”以立法的形式建立了我国的宪法宣誓制度。

该决定明确了进行宪法宣誓的国家工作人员的范围，即各级人大及县级以上各级人大常委会选举或者决定任命的国家工作人员，以及各级人民政府、人民法院、人民检察院任命的国家工作人员，在就职时应当公开进行宪法宣誓（第1条内容）。

2018年2月24日，全国人大常委会对宪法宣誓制度作出修订，新的誓词为：“我宣誓：忠于中华人民共和国宪法，维护宪法权威，履行法定职责，忠于祖国、忠于人民，恪尽职守、廉洁奉公，接受人民监督，为建设富强民主文明和谐美丽的社会主义现代化强国努力奋斗！”

该决定规定了中央国家机关工作人员的宣誓仪式的组织者，即全国人大会议主席团、全国人大常委会委员长会议、国务院及其各部门、最高人民法院、最高人民检察院。中华人民共和国驻外全权代表的宪法宣誓由外交部组织（第3~7条内容）。

具体来说，宪法宣誓制度写入宪法具有以下几个方面的意义。

（1）宪法宣誓对于维护宪法的根本法地位具有重要意义。宪法是根本法，依法治国首先是依宪治国，依法执政首先是依宪执政，国家机关工作人员对宪法进行宣誓的制度突出了宪法所具有的最高的法律地位、法律权威、法律效力，有利于促进国家机关工作人员增强宪法意识，运用宪法思维、宪法理念分析问题、解决问题的能力；有利于国家机关工作人员在内心深处尊重宪法；有利于国家机关工作人员在工作中首先想到宪法，避免出现违反宪法的行为，避免有关机关制定违反宪法的规范性文件。

（2）宪法宣誓有利于促进宪法的实施。宪法的实施不仅包括根据宪法制定法律（主要指立法活动）、宪法解释、宪法监督等，还包括宪法宣誓。世界上成文宪法国家大多在宪法里规定宪法宣誓制度，即使不在宪法里规定也在实践中实行宪法宣誓制度。虽然宪法宣誓制度是一个仪式，但它对宪法的宣传效果不限于国家机关工作人员，而且会影响到广大人民群众，因为宪法宣誓仪式往往是公开的，我们国家的这个决定也规定“应当公开进行宪法宣誓”。宪法宣誓的公开性也有利于人民群众监督相关国家机关工作人员遵守宪法。这也是宪法实施有别于其他法律实施的一个非常重要的方面，其他法律不存在通过进行宣誓来加强其实施的问题。

（3）宪法宣誓有利于增强国家机关工作人员履行职务的合法性和严肃性。我们以前不太注重国家机关工作人员就职的具体仪式，甚至有的地方根本就没有就职仪式，或者我们可以说有点重实体、轻程序。国家机关工作人员从什么具体时间享有法定权力、履行法定义务，往往没有规定具体的时间。有了宪法宣誓制度以后，国家机关工作人员权力和责任的起始点往往从宪法宣誓之后正式开始。其实，形式也是为内容服务的，宪法宣誓这一形式也是为依宪治国、依宪执政这一实质内容服务的。

（4）宪法宣誓有利于国家机关工作人员理解其就职以后所享有的权力是人民赋予的，应当权为民所用。宪法里的一个基本理念就是国家一切权力属于人民，人民行使国家权力的机关是全国人民代表大会和地方各级人民代表大会，全国人民代表大会和地方各级人民代表大会都由民主选举产生，对人民负责，受人民监督。国家行政机关、审判机关、检察机关都由人民代表大会产生，对它负责，受它监督。所以，宪法宣誓制度有利于相关国家机关工作人员认识到手中的权力来自人民，由人民通过宪法赋予国家机关工作人员，一切国家机关和武装力量、各政党和各社会团体、各企业事业组织都必须遵守宪法和法律。一切违反宪法和法律的行为，必须予以追究。任何组织或者个人都不得有超越宪法和法律的特权。这有利于把权力关在笼子里。

## 19. 为什么要修改宪法?

宪法是国家的根本法，是治国安邦的总章程，是党和人民意志的集中体现。党的十八大以来，习近平总书记多次强调，坚持依法治国首先要坚持依宪治国，坚持依法执政首先要坚持依宪执政。宪法修改，是党和国家政治生活中的一件大事，是以习近平同志为核心的党中央从新时代坚持和发展中国特色社会主义全局和战略高度作出的重大决策，是推进全面依法治国、推进国家治理体系和治理能力现代化的重大举措。

（1）我国现行宪法是符合国情、符合实际、符合时代发展要求的好宪法，为改革开放和社会主义现代化建设提供了根本法治保障，必须坚决维护、长期坚持、全面贯彻。

我国现行宪法是根据党的十一届三中全会确定的路线方针政策、于1982年12月4日由五届全国人大五次会议通过并公布施行的。再往前追溯，1982年宪法是对1949年具有临时宪法作用的《中国人民政治协商会议共同纲领》、1954年宪法的继承和发展。

我国宪法以国家根本法的形式，确认了中国共产党领导中国人民进行革命、建设、改革的伟大斗争和根本成就，确立了工人阶级领导的、以工农联盟为基础的人民民主专政的社会主义国家的国体和人民代表大会制度的政体，确定了国家的根本任务、领导核心、指导思想、发展道路、奋斗目标，规定了中国共产党领导的多党合作和政治协商制度、民族区域自治制度以及基层群众自治制度，规定了社会主义法治原则、民主集中制原则、尊重和保障人权原则，等等，反映了我国各族人民共同意志和根本利益。

30多年来的发展历程充分证明，我国宪法有力坚持了中国共产党领导，有力保障了人民当家做主，有力促进了改革开放和社会主义现代化建设，有力推动了社会主义法治国家建设进程，有力维护了国家统一、民族团结、社会稳定，是符合国情、符合实际、符合时代发展要求的好宪法，是充分体现人民共同意志、充分保障人民民主权利、充分维护人民根本利益的好宪法，是推动国家发展进步、保证人民创造幸福生活、保障中华民族实现伟大复兴的好宪法，是我们国家和人民经受住各种困难和风险考验、始终沿着中国特色社会主义道路前进的根本法治保障。我国宪法确立的一系列制度、原则和规则，确定的一系列大政方针，具有显著优势、坚实基础、强大生命力，必须长期坚持、全面贯彻。

（2）宪法只有不断适应新形势、吸纳新经验、确认新成果、作出新规范，才具有持久生命力。

1982 年宪法公布施行后，根据我国改革开放和社会主义现代化建设的实践和发展，在党中央领导下，全国人大于 1988 年、1993 年、1999 年、2004 年先后 4 次对 1982 年宪法即我国现行宪法的个别条款和部分内容作出必要的、也是十分重要的修正，共通过了 31 条宪法修正案。

总的看，4 次宪法修改体现了中国共产党领导人民进行改革开放和社会主义现代化建设的成功经验，体现了中国特色社会主义道路、理论、制度、文化的发展成果。通过 4 次宪法修改，我国宪法在中国特色社会主义伟大实践中紧跟时代步伐，不断与时俱进，有力推动和保障了党和国家事业发展，有力推动和加强了我国社会主义法治建设。

回顾我国宪法制度发展历程，我们愈加感到，我国宪法同党和人民进行的艰苦奋斗和创造的辉煌成就紧密相连，同党和人民开辟的前进道路和积累的宝贵经验紧密相连。我国宪法必须随着党领导人民建设中国特色社会主义实践的发展而不断完善发展。这是我国宪法发展的一个显著特点，也是一条基本规律。由宪法及时确认党和人民创造的伟大成就和宝贵经验，以更好发挥宪法的规范、引领、推动、保障作用，是实践发展的必然要求。

（3）根据新时代坚持和发展中国特色社会主义的新形势新实践，在总体保持我国宪法连续性、稳定性、权威性的基础上，有必要对我国宪法作出适当的修改。

自 2004 年宪法修改以来，党和国家事业又有了许多重要发展变化。特别是党的十八大以来，以习近平同志为核心的党中央团结带领全国各族人民毫不动摇坚持和发展中国特色社会主义，统筹推进“五位一体”总体布局、协调推进“四个全面”战略布局，推进党的建设新的伟大工程，形成一系列治国理政新理念新思想新战略，推动党和国家事业取得历史性成就、发生历史性变革，中国特色社会主义进入了新时代。党的十九大在新的历史起点上对新时代坚持和发展中国特色社会主义作出重大战略部署，提出了一系列重大政治论断，确立了习近平新时代中国特色社会主义思想在全党的指导地位，确定了新的奋斗目标，对党和国家事业发展具有重大指导和引领意义。

在党的十九大文件起草和形成过程中，在全党全国上下学习贯彻党的十九大精神过程中，都有许多单位和同志提出，应该根据党的十九大精神对我国现行宪法作出必要的修改完善，把党和人民在实践中取得的重大理论创新、实践创新、制度创新成果通过国家根本法确认下来，使之成为全国各族人民的共同遵循，成为国家各项事业、各方面工作的活动准则。

党中央决定对宪法进行适当修改，是经过反复考虑、综合方方面面情况作出的，目的是通过修改使我国宪法更好体现人民意志，更好地体现中国特色社会主义制度的优势，更好适应推进国家治理体系和治理能力现代化的要求。这对于全面贯彻党的十九大精神、广泛动员和组织全国各族人民为夺取新时代中国特色社会主义伟大胜利而奋斗具有十分重大的意义。

## 20. 2018 年宪法修正案序言部分对宪法指导思想有哪些修改?

2018 年宪法修正案将宪法序言第七自然段中“在马克思列宁主义、毛泽东思想、邓小平理论和‘三个代表’重要思想指引下”修改为“在马克思列宁主义、毛泽东思想、邓小平理论和‘三个代表’重要思想、科学发展观、习近平新时代中国特色社会主义思想指引下”，确立科学发展观、习近平新时代中国特色社会主义思想在国家政治和社会生活中的指导地位。习近平新时代中国特色社会主义思想是马克思主义中国化最新成果，是中国特色社会主义理论体系的重要组成部分，党的十九大党章修正案已经将其确立为党的指导思想。在宪法中把科学发展观、习近平新时代中国特色社会主义思想同马克思列宁主义、毛泽东思想、邓小平理论、“三个代表”重要思想写在一起，确立其在国家政治和社会生活中的指导地位，具有重大的现实意义和深远的历史意义。

党的十八大以来，以习近平为核心的党中央团结带领全党全国各族人民勇于进行具有许多新的历史特点的伟大斗争，围绕回答好新时代坚持和发展什么样的中国特色社会主义，怎样坚持和发展中国特色社会主义这个重大时代课题，提出了一系列治国理政新理念新思想新战略，创立了习近平新时代中国特色社会主义思想，推动党和国家事业取得历史性成就，发生历史性变革，中国特色社会主义进入了新时代。习近平新时代中国特色社会主义思想，是马克思主义中国化最新成果，是党和人民实践经验和集体智慧的结晶，是全党全国人民为实现中华民族伟大复兴而奋斗的行动指南，是党的十八大以来党和国家事业取得历史性成就、发生历史性变革的根本理论指引，其政治意义、理论意义、实践意义已被实践充分证明，得到全党全国人民的高度认同。

宪法具有最高的法律地位、法律权威、法律效力，是国家政治和社会生活的最高行为规范。全国各族人民、一切国家机关和武装力量、各政党和各社会团体、各企业事业组织、城乡基层自治组织，都必须以宪法为根本的活动准则，都负有维护宪法尊严、保证宪法实施的职责。将习近平新时代中国特色社会主义思想载入宪法，赋予其最高法律权威和法律效力，使之成为全体人民的共同意志，成为国家各项事业、各方面工作的根本遵循，有利于全体人民强化党的领导意识，把党的领导落实到国家工作全过程和各方面，确保党对国家各项事业、各方面工作的全面领导。

### 21. 2018 年宪法修正案怎样体现中国特色社会主义总体布局和奋斗目标？

2018 年宪法修正案将“健全社会主义法制”修改为“健全社会主义法治”；在“自力更生，艰苦奋斗”前增写“贯彻新发展理念”；“推动物质文明、政治文明和精神文明协调发展，把我国建设成为富强、民主、文明的社会主义国家”修改为“推动物质文明、政治文明、精神文明、社会文明、生态文明协调发展，把我国建设成为富强民主文明和谐美丽的社会主义现代化强国，实现中华民族伟大复兴”。这一自然段相应修改为：“中国新民主主义革命的胜利和社会主义事业的成就，是中国共产党领导中国各族人民，在马克思列宁主义、毛泽东思想的指引下，坚持真理，修正错误，战胜许多艰难险阻而取得的。我国将长期处于社会主义初级阶段。国家的根本任务是，沿着中国特色社会主义道路，集中力量进行社会主义现代化建设。中国各族人民将继续在中国共产党领导下，在马克思列宁主义、毛泽东思想、邓小平理论、‘三个代表’重要思想、科学发展观、习近平新时代中国特色社会主义思想指引下，坚持人民民主专政，坚持社会主义道路，坚持改革开放，不断完善社会主义的各项制度，发展社会主义市场经济，发展社会主义民主，健全社会主义法治，贯彻新发展理念，自力更生，艰苦奋斗，逐步实现工业、农业、国防和科学技术的现代化，推动物质文明、政治文明、精神文明、社会文明、生态文明协调发展，把我国建设成为富强民主文明和谐美丽的社会主义现代化强国，实现中华民族伟大复兴。”

同时，创新、协调、绿色、开放、共享的新发展理念，是习近平新时代中国特色社会主义经济思想的主要内容。把“新发展理念”写入宪法，有利于从宪法上确认这一重要理论成果，更好发挥其在决胜全面建成小康社会，开启全面建设社会主义现代化国家新征程中对我国经济发展的重要指导作用。

调整充实中国特色社会主义事业总体布局和第二个百年奋斗目标的内容。从物质文明、政治文明和精神文明协调发展到物质文明、政治文明、精神文明、社会文明、生态文明协调发展，是我们党对社会主义建设规律认识的深化，是对中国特色社会主义事业总体布局的丰富和完善。把我国建设成为富强民主文明和谐美丽的社会主义现代化强国，实现中华民族伟大复兴，是党的十九大确立的奋斗目标。宪法作如上的修改，在表述上与党的十九大报告相一致，有利于引领全党全国人民把握规律、科学布局，在新时代不断开创党和国家事业发展新局面，齐心协力为实现“两个一百年”奋斗目标、实现中华民族伟大复兴的中国梦而不懈奋斗。

完善依法治国和宪法实施举措。从“健全社会主义法制”到“健全社会主义法治”，是我们党依法治国理念和方式的新飞跃。作这样的修改，有利于推进全面依法治国，建设中国特色社会主义法治体系，加快实现国家治理体系和治理能力现代化，为党和国家事业发展提供根本性、全局性、稳定性、长期性的制度保障。至于宪法宣誓，全国人民代表大会常务委员会已于2015年通过了关于实行宪法宣誓制度的决定，将宪法宣誓制度在宪法中确认下来，有利于促使国家工作人员树立宪法意识、恪守宪法原则、弘扬宪法精神、履行宪法使命，也有利于彰显宪法权威，激励和教育国家工作人员忠于宪法、遵守宪法、维护宪法，加强宪法实施。

充实完善爱国统一战线和民族关系的内容。实现中华民族伟大复兴的中国梦，已经成为团结海内外中华儿女的最大公约数。实现中国梦，需要凝聚各方面的力量共同奋斗。只有把全体社会主义劳动者、社会主义事业的建设者、拥护社会主义的爱国者、拥护祖国统一和致力于中华民族伟大复兴的爱国者都团结起来、凝聚起来，实现中国梦才能获得强大持久广泛的力量支持。

## 22. 2018年宪法修正案如何充实和平外交政策方面的内容？

2018年宪法修正案在宪法序言第12自然段中“中国坚持独立自主的对外政策，坚持互相尊重主权和领土完整、互不侵犯、互不干涉内政、平等互利、和平共处的五项原则”后增加“坚持和平发展道路，坚持互利共赢开放战略”；将“发展同各国的外交关系和经济、文化的交流”修改为“发展同各国的外交关系和经济、文化交流，推动构建人类命运共同体”。

2017年1月，习近平主席在瑞士日内瓦万国宫发表了题为《共同构建人类命运共同体》的主旨演讲，站在人类历史发展进程的高度，以大国领袖的责任担当，以“以天下为己任”的情怀，深刻、全面、系统阐述人类命运共同体理念，从伙伴关系、安全格局、经济发展、文明交流、生态建设五方面为人类社会发展进步描绘了蓝图，为构建人类命运共同体提供了行动指南。目前，人类命运共同体理念已经被正式载入联合国大会决议，这表明构建人类命运共同体理念反映了大多数国家的普遍期待，符合国际社会的共同利益，中国理念在国际上正得到越来越多的支持。在此背景下，我国宪法作上述的修改，有利于正确把握国际形势的深刻变化，顺应和平、发展、合作、共赢的时代潮流，统筹国内国际两个大局、统筹发展安全两件大事，为我国发展拓展广阔的空间、营造良好的外部环境，为维护世界和平、促进共同发展做出更大贡献。

## 23. 2018年宪法修正案如何进一步明确中国共产党的领导？

2018年宪法修正案第36条规定：宪法第1条第2款“社会主义制度是中华人民共和国的根本制度”后增写一句，内容为：“中国共产党领导是中国特色社会主义最本质的特征。”2018年宪法修正案的上述规定，是总结新中国宪法制定和实施的经验得出的重要结论。

在宪法的正文中写入中国共产党的具体领导地位和领导作用，早在1975年宪法和1978年宪法中就有所体现。例如，1975年宪法第15条规定，中国人民解放军和民兵是中国共产党领导的工农子弟兵，是各族人民的武装力量。中国共产党中央委员会主席统率全国武装力量。1978 年《宪法》第 19 条也规定，中华人民共和国武装力量由中国共产党中央委员会主席统率。中国人民解放军是中国共产党领导的工农子弟兵，是无产阶级专政的柱石。1982 年五届全国人大五次会议通过现行宪法时，把坚持中国共产党的领导写入了宪法序言，此项改革措施有利于推进党和国家的体制改革，充分发挥人民代表大会制度作为我国根本政治制度的作用。此次宪法修改，又把党的领导写入了宪法正文，这是加强党对全面依法治国各方面工作领导的需要，也是保证党依法执政、依宪执政的重要措施。事实上，把党的领导作为中国特色社会主义的本质特征写入宪法正文，有助于进一步明确我国宪法所规定的中国特色社会主义制度性质的基本认识，为党和国家事业的健康发展和有效地抵御各种西方宪政思潮对中国特色社会主义政治制度和宪法制度的渗透和干扰。

中国共产党领导是中国特色社会主义最本质的特征，这是综合历史与现实、国际与国内等不同方面的因素做出的科学结论，是中华民族实现伟大复兴中国梦的政治保障，是人类社会实现共产主义理想最有效的实践经验，是构建人类命运共同体的牢靠依托。

中国共产党作为无产阶级性质的政党自从登上了历史舞台，就将国家解放、民族独立和人民幸福作为党的奋斗目标。在党的旗帜下凝聚了全体中国人民的意志，推翻了三座大山的统治，建立了新中国。中华人民共和国成立以后，在党的领导下，顺利完成了新民主主义革命和社会主义改造的任务，建立了社会主义制度，并且不断壮大、欣欣向荣。总结共产主义理想和社会主义实践在中国大地上的产生、存在、发展和壮大的历史，归根结底有一条根本经验，就是中国特色的社会主义是中国共产党一手创建和缔造的，并且结合中国的具体国情，赋予了中国特色社会主义特定的价值内涵。没有中国共产党，就没有中国特色社会主义；只有中国共产党，才能领导中国特色社会主义建设；离开了中国共产党的领导，就不可能有中国特色社会主义。这是中国革命、建设和改革得出的历史发展的客观结论。同样，中国特色社会主义取得了令人瞩目的成就，而前苏联、东欧虽然社会主义搞得早，但由于缺少像中国共产党这样强有力的马克思主义政党的领导，20 世纪 90 年代，在与资本主义世界斗争中自我退缩、自我放弃，只得改弦易辙，重新寻找本民族、本国家的发展道路，但迄今为止，还没有看到有哪个成功的范例。所以，“风景这边独好”，国际共产主义运动的实践已经证明了的事实，即中国共产党是中国特色社会主义的中流砥柱，没有中国共产党的正确领导，中国特色社会主义不可能存在、成功和不断走向繁荣。

中国共产党领导中国人民取得了革命、建设和改革的巨大成就，并且秉承《共产党宣言》所倡导的人类共产主义伟大理想，正在稳步前行、扬帆远航。中国共产党是根植于中国的具体国情产生的伟大的政党，是历史的选择、人民的选择。中国共产党领导中国人民正在从事的社会主义现代化建设事业是前所未有的人类文明发展的伟大工程。中国特色社会主义正在以自身的经验向人类社会传递一个非常强有力的信号：共产主义是可以实现的人类伟大理想，只要有像中国共产党一样的伟大的政党的正确领导，只要我们始终秉承全心全意为人民服务的理念，只要我们坚守科学发展观，一步一个脚印，依靠人民的勤劳、先进群体的模范引领作用，就一定能够建成代表人类社会文明发展水平的、先进的、发达的社会主义制度。把中国共产党领导是中国特色社会主义最本质的特征写入宪法，并作为社会主义制度的重要内容，有助于构建全面和系统的、科学规范的宪法上确认的社会主义制度的内涵，为制定一切法律法规规章提供科学的、权威的立法依据，为国家制度和社会制度的不断健全和完善提供明确的宪法解释原则和方法，为推进宪法和法律实施提供具体的组织路线和行动纲领。

总之，此次修改宪法，遵循现行宪法在过去36年中通过宪法修改不断把执政党发展和完善了的指导思想写入宪法的“政治惯例”，再次通过宪法修改的方式把习近平新时代中国特色社会主义思想连同“科学发展观”一道写入宪法，使宪法中关于执政党指导思想的确认和表述与执政党的党章对指导思想的描述完全一致，实现党对国家生活和社会生活的领导作用，凸显现行宪法在维护共产党执政地位和确立主流意识形态方面的保驾护航的重要作用。与此同时，在宪法正文中明确“中国共产党领导是中国特色社会主义最本质的特征”可以为正确地解释宪法条文、推动宪法实施工作的有序进行、促进党和国家事业的不断发展和进步起到积极和有效的保障作用。

## 24. 社会主义核心价值观写入宪法的重要意义是什么？

以“富强、民主、文明、和谐，自由、平等、公正、法治，爱国、敬业、诚信、友善”24字为主要内容的社会主义核心价值观，是当代中国精神的集中体现，凝结着全体人民共同的价值追求。十三届全国人大一次会议通过的宪法修正案，将《宪法》第24条第2款中“国家提倡爱祖国、爱人民、爱劳动、爱科学、爱社会主义的公德”，修改为“国家倡导社会主义核心价值观，提倡爱祖国、爱人民、爱劳动、爱科学、爱社会主义的公德”。

人民有信仰，国家有力量，民族有希望。在宪法中写入“国家倡导社会主义核心价值观”，有利于发挥社会主义核心价值观对国民教育、精神文明创建、精神文化产品创作生产传播的引领作用；有利于把社会主义核心价值观融入社会发展各方面，转化为人们的情感认同和行为习惯；有利于强化教育引导、实践养成、制度保障，更好构筑中国精神、中国价值、中国力量。

坚持社会主义核心价值体系，是新时代坚持和发展中国特色社会主义的基本方略之一。把倡导社会主义核心价值观写入宪法，是贯彻习近平新时代中国特色社会主义思想的重要体现，表明了我国坚持依法治国和以德治国相结合，强化道德对法治建设的支撑作用，强化法治对道德建设的促进作用，使法治与德治互为支撑、同向而行，推动社会主义核心价值观内化于心、外化于行。正如习近平总书记所言，“人类社会发展的历史表明，对一个民族、一个国家来说，最持久、最深层的力量是全社会共同认可的核心价值观”。

面对新时代新要求新征程新任务，把倡导社会主义核心价值观写入宪法，意义重大而深远。第一，是新时代坚持和发展中国特色社会主义的需要。中国特色社会主义必须建立在中国的道路、理论、制度、文化基础上，必须形成一套与其经济发展与制度建构相融合的并能形成高度社会认同的核心价值观。在根本大法中对倡导社会主义核心价值观加以规定，使其在思想层面、实践层面、观念层面、社会制度层面有了宪法的保障，增强了坚持中国特色社会主义的道路自信、理论自信、制度自信、文化自信，有利于确保中国特色社会主义始终沿着正确方向胜利前进，不断展现出更加强大的生命力。第二，是不断增强国家软实力的需要。从根本上说，一个国家的文化软实力，取决于其核心价值观的生命力、凝聚力、感召力。培育和弘扬核心价值观，有效整合社会意识，是社会系统得以正常运转、社会秩序得以有效维护的重要途径，也是国家治理体系和治理能力现代化的重要方面。历史和现实都表明，构建具有强大感召力的核心价值观，关系社会和谐稳定，关系国家长治久安。第三，是增强民族凝聚力和向心力的需要。我国是一个有着13多亿人口、56个民族的大国，只有增强国家统合力，把人民凝聚在一起，才能真正实现国家的富强、民主、文明、和谐、美丽。因此，确立反映全国各族人民共同认同的价值观“最大公约数”，关乎国家前途命运，关乎人民幸福安康。把倡导社会主义核心价值观写入宪法，充分发挥它的评价与导向作用、整合与规范功能，有利于不断增强民族凝聚力向心力，激励和引导广大干部群众万众一心，为实现社会主义现代化和中华民族伟大复兴不懈奋斗。

在宪法中写入倡导社会主义核心价值观，必将为培育和践行社会主义核心价值观营造浓厚氛围。当然，要把“倡导”转化为“躬行”，还有大量工作要做。如，在法治宣传教育上怎么“接地气”，以宣传教育推动宪法入耳入脑入心，使社会主义核心价值观在“坚持全民行动、干部带头”“从家庭做起，从娃娃抓起”等实践中融入社会发展各方面。

## 25. 2018年宪法修正案规定了监察委员会哪些方面的内容？

2018年3月11日，第十三届全国人民代表大会第一次会议通过的宪法修正案将监察体制纳入宪法，以最高法律权威的形式确立了监察权力体系的合法性。国家监察体制在宪法层面的确立以及在《中华人民共和国监察法》（以下简称《监察法》）中写入“根据宪法”，是监察制度有序建构与合法运行最为重要的基础，具有深远且重大的完善意义。

《宪法》第123条规定，中华人民共和国各级监察委员会是国家的监察机关。《监察法》第3条规定，各级监察委员会是行使国家监察职能的专责机关。监察权应当区别于行政权与司法权，是一项独立的监察权力。笼统提监察机关属于政治机关，从字面意义上无法体现出监察机关与其他国家机构的质的区别。监察机关无论基于立法规定抑或权力属性都具有独立的地位，是我国独立的监察机关并独立行使监察权力。

增加有关监察委员会的各项规定。为了贯彻和体现深化国家监察体制改革的精神，为成立监察委员会提供宪法依据，2018年宪法修正案在宪法第三章“国家机构”第六节后增加一节，作为第七节“监察委员会”，就国家监察委员会和地方各级监察委员会的性质、地位、名称、人员组成、任期任届、领导体制、工作机制等作出规定。与此相适应，还作了如下修改：①将《宪法》第一章“总纲”第3条第3款中“国家行政机关、审判机关、检察机关都由人民代表大会产生”修改为“国家行政机关、监察机关、审判机关、检察机关都由人民代表大会产生”。②将《宪法》第三章“国家机构”第65条第4款“全国人民代表大会常务委员会的组成人员不得担任国家行政机关、审判机关和检察机关的职务。”修改为“全国人民代表大会常务委员会的组成人员不得担任国家行政机关、监察机关、审判机关和检察机关的职务”。③将《宪法》第三章“国家机构”第103条第3款“县级以上的地方各级人民代表大会常务委员会的组成人员不得担任国家行政机关、审判机关和检察机关的职务”修改为“县级以上的地方各级人民代表大会常务委员会的组成人员不得担任国家行政机关、监察机关、审判机关和检察机关的职务”。④在《宪法》第三章“国家机构”第62条第六项后增加一项，内容为“选举国家监察委员会主任”；在《宪法》第63条第3项后增加一项，内容为“国家监察委员会主任”；在《宪法》第63条第六项中增加“国家监察委员会”；在第10项后增加一项，内容为“根据国家监察委员会主任的提请，任免国家监察委员会副主任、委员”。⑤将《宪法》第三章“国家机构”第101条第2款中“县级以上的地方各级人民代表大会选举并且有权罢免本级人民法院院长和本级人民检察院检察长。”修改为“县级以上的地方各级人民代表大会选举并且有权罢免本级监察委员会主任、本级人民法院院长和本级人民检察院检察长”；将《宪法》第104条中“监督本级人民政府、人民法院和人民检察院的工作”修改为“监督本级人民政府、监察委员会、人民法院和人民检察院的工作”。⑥删去《宪法》第三章“国家机构”第89条第8项“领导和管理民政、公安、司法行政和监察等工作”中的“和监察”。删去《宪法》第107条第1款“县级以上地方各级人民政府依照法律规定的权限，管理本行政区域内的经济、教育、科学、文化、卫生、体育事业、城乡建设事业和财政、民政、公安、民族事务、司法行政、监察、计划生育等行政工作”中的“监察”。

上述修改反映了党的十八大以来深化国家监察体制改革的成果，贯彻了党的十九大关于健全党和国家监督体系的部署，也反映了设立国家监察委员会和地方各级监察委员会后，全国人民代表大会及其常务委员会和地方各级人民代表大会及其常务委员会、国务院和地方各级人民政府职权的新变化以及工作的新要求。

## 26. 如何认识宪法关于国家主席和国家副主席任期的修改？

2018 年宪法修正案第 45 条，对《宪法》第 79 条第 3 款“中华人民共和国主席、副主席每届任期同全国人民代表大会每届任期相同，连续任职不得超过两届”修改为：“中华人民共和国主席、副主席每届任期同全国人民代表大会每届任期相同。”

在党内外，在全国上下，过去一段时间以来，一直有这样的意见，在党的十九大文件的形成过程中，这方面的意见更为突出和明显。就是中国共产党章程关于党的中央委员会总书记任期任职的规定，关于中国共产党中央军事委员会主席任职任期方面的规定，中华人民共和国宪法关于国家军委主席任职任期的规定都没有连续任职不得超过两届的规定，因此，许多单位和同志就提出，宪法关于国家主席的规定也应该采取一致的做法。党的中央委员会的最高领导职务，党和国家的军队武装力量、中国人民解放军的这个军委主席最高领导职务和国家主席，即国家的最高领导职务“三位一体”，这样的领导体制和领导形式，对于我们这样一个大党、大国来说，不仅是必要的，而且是最为妥当的。这种领导体制和领导形式是中国共产党从长期执政实践中探索和总结出来的治国理政的成功经验。

回看中华人民共和国的历史，我们近 70 年的历史，是一个漫长的过程，关于党和国家领导体制有不同的规定，也有不同的做法，最近这 20 多年来，特别是从 1993 年以来，应该说“三位一体”是一个成功的、有效的、至关重要的体制，因此这次宪法修正案对第 79 条第 3 款的规定进行修改完善，是健全国家领导体制的重要举措，这种修改有利于维护以习近平同志为核心的党中央的权威和集中统一领导，有利于完善国家的领导体制，也有利于党和国家长治久安。

### 27. 2018 年宪法修正案关于设区的市的地方立法权有哪些新规定?

地方性法规是中国特色社会主义法律体系当中的一个重要组成部分。除了国家法律法规、省级地方性法规，亟须具有本地特点的制度规定，来完善本地区各个方面的发展治理。

2015 年 3 月，十二届全国人大三次会议通过关于修改立法法的决定，赋予所有设区的市地方立法权。我国享有地方立法权的主体在原有 31 个省（区、市）和 49 个较大的市基础上，又增加 274 个，包括 240 个设区的市、30 个自治州和 4 个未设区的地级市。修改后的立法法规定："设区的市的人民代表大会及其常务委员会根据本市的具体情况和实际需要，在不同宪法、法律、行政法规和本省、自治区的地方性法规相抵触的前提下，可以对城乡建设与管理、环境保护、历史文化保护等方面的事项制定地方性法规，法律对设区的市制定地方性法规的事项另有规定的，从其规定。"立法法修改以来，全国人大常委会高度重视，积极指导推进立法法的贯彻实施；各省、自治区积极谋划，扎实有序推进赋予设区的市地方立法权工作。截至 2017 年 12 月，新赋予地方立法权的 274 个设区的市、自治州中，已经批准确定可以开始制定地方性法规的有 272 个，占 99.3%。这些设区的市、自治州在立法中注重体现地方特色，坚持依法立法，已经制定出 595 件地方性法规，对本地区城乡建设与管理、环境保护、历史文化保护以及地方立法程序进行了规范。

2018 年宪法修正案在《宪法》第 100 条增加 1 款，作为第 2 款："设区的市的人民代表大会和它们的常务委员会，在不同宪法、法律、行政法规和本省、自治区的地方性法规相抵触的前提下，可以依照法律规定制定地方性法规，报本省、自治区人民代表大会常务委员会批准后施行。"增加这一规定，有利于设区的市在宪法法律的范围内，制定体现本行政区域实际的地方性法规，更为有效地加强社会治理、促进经济社会发展，也有利于规范设区的市制定地方性法规的行为。

**附：**

# 《中华人民共和国宪法》

（1982年12月4日第五届全国人民代表大会第五次会议通过　1982年12月4日全国人民代表大会公告公布施行

根据1988年4月12日第七届全国人民代表大会第一次会议通过的《中华人民共和国宪法修正案》、1993年3月29日第八届全国人民代表大会第一次会议通过的《中华人民共和国宪法修正案》、1999年3月15日第九届全国人民代表大会第二次会议通过的《中华人民共和国宪法修正案》、2004年3月14日第十届全国人民代表大会第二次会议通过的《中华人民共和国宪法修正案》和2018年3月11日第十三届全国人民代表大会第一次会议通过的《中华人民共和国宪法修正案》修正）

## 目　　录

## 序　　言

中国是世界上历史最悠久的国家之一。中国各族人民共同创造了光辉灿烂的文化，具有光荣的革命传统。

一八四〇年以后，封建的中国逐渐变成半殖民地、半封建的国家。中国人民为国家独立、民族解放和民主自由进行了前仆后继的英勇奋斗。

二十世纪，中国发生了翻天覆地的伟大历史变革。

一九一一年孙中山先生领导的辛亥革命，废除了封建帝制，创立了中华民国。但是，中国人民反对帝国主义和封建主义的历史任务还没有完成。

一九四九年，以毛泽东主席为领袖的中国共产党领导中国各族人民，在经历了长期的艰难曲折的武装斗争和其他形式的斗争以后，终于推翻了帝国主义、封建主义和官僚资本主义的统治，取得了新民主主义革命的伟大胜利，建立了中华人民共和国。从此，中国人民掌握了国家的权力，成为国家的主人。

中华人民共和国成立以后，我国社会逐步实现了由新民主主义到社会主义的过渡。生产资料私有制的社会主义改造已经完成，人剥削人的制度已经消灭，社会主义制度已经确立。工人阶级领导的、以工农联盟为基础的人民民主专政，实质上即无产阶级专政，得到巩固和发展。中国人民和中国人民解放军战胜了帝国主义、霸权主义的侵略、破坏和武装挑衅，维护了国家的独立和安全，增强了国防。经济建设取得了重大的成就，独立的、比较完整的社会主义工业体系已经基本形成，农业生产显著提高。教育、科学、文化等事业有了很大的发展，社会主义思想教育取得了明显的成效。广大人民的生活有了较大的改善。

中国新民主主义革命的胜利和社会主义事业的成就，是中国共产党领导中国各族人民，在马克思列宁主义、毛泽东思想的指引下，坚持真理，修正错误，战胜许多艰难险阻而取得的。我国将长期处于社会主义初级阶段。国家的根本任务是，沿着中国特色社会主义道路，集中力量进行社会主义现代化建设。中国各族人民将继续在中国共产党领导下，在马克思列宁主义、毛泽东思想、邓小平理论、“三个代表”重要思想、科学发展观、习近平新时代中国特色社会主义思想指引下，坚持人民民主专政，坚持社会主义道路，坚持改革开放，不断完善社会主义的各项制度，发展社会主义市场经济，发展社会主义民主，健全社会主义法治，贯彻新发展理念，自力更生，艰苦奋斗，逐步实现工业、农业、国防和科学技术的现代化，推动物质文明、政治文明、精神文明、社会文明、生态文明协调发展，把我国建设成为富强民主文明和谐美丽的社会主义现代化强国，实现中华民族伟大复兴。

在我国，剥削阶级作为阶级已经消灭，但是阶级斗争还将在一定范围内长期存在。中国人民对敌视和破坏我国社会主义制度的国内外的敌对势力和敌对分子，必须进行斗争。

台湾是中华人民共和国的神圣领土的一部分。完成统一祖国的大业是包括台湾同胞在内的全中国人民的神圣职责。

社会主义的建设事业必须依靠工人、农民和知识分子，团结一切可以团结的力量。在长期的革命、建设、改革过程中，已经结成由中国共产党领导的，有各民主党派和各人民团体参加的，包括全体社会主义劳动者、社会主义事业的建设者、拥护社会主义的爱国者、拥护祖国统一和致力于中华民族伟大复兴的爱国者的广泛的爱国统一战线，这个统一战线将继续巩固和发展。中国人民政治协商会议是有广泛代表性的统一战线组织，过去发挥了重要的历史作用，今后在国家政治生活、社会生活和对外友好活动中，在进行社会主义现代化建设、维护国家的统一和团结的斗争中，将进一步发挥它的重要作用。中国共产党领导的多党合作和政治协商制度将长期存在和发展。

中华人民共和国是全国各族人民共同缔造的统一的多民族国家。平等团结互助和谐的社会主义民族关系已经确立，并将继续加强。在维护民族团结的斗争中，要反对大民族主义，主要是大汉族主义，也要反对地方民族主义。国家尽一切努力，促进全国各民族的共同繁荣。

中国革命、建设、改革的成就是同世界人民的支持分不开的。中国的前途是同世界的前途紧密地联系在一起的。中国坚持独立自主的对外政策，坚持互相尊重主权和领土完整、互不侵犯、互不干涉内政、平等互利、和平共处的五项原则，坚持和平发展道路，坚持互利共赢开放战略，发展同各国的外交关系和经济、文化交流，推动构建人类命运共同体；坚持反对帝国主义、霸权主义、殖民主义，加强同世界各国人民的团结，支持被压迫民族和发展中国家争取和维护民族独立、发展民族经济的正义斗争，为维护世界和平和促进人类进步事业而努力。

本宪法以法律的形式确认了中国各族人民奋斗的成果，规定了国家的根本制度和根本任务，是国家的根本法，具有最高的法律效力。全国各族人民、一切国家机关和武装力量、各政党和各社会团体、各企业事业组织，都必须以宪法为根本的活动准则，并且负有维护宪法尊严、保证宪法实施的职责。

## 第一章　总　　纲

**第一条**　中华人民共和国是工人阶级领导的、以工农联盟为基础的人民民主专政的社会主义国家。

社会主义制度是中华人民共和国的根本制度。中国共产党领导是中国特色社会主义最本质的特征。禁止任何组织或者个人破坏社会主义制度。

**第二条**　中华人民共和国的一切权力属于人民。

人民行使国家权力的机关是全国人民代表大会和地方各级人民代表大会。

人民依照法律规定，通过各种途径和形式，管理国家事务，管理经济和文化事业，管理社会事务。

**第三条**　中华人民共和国的国家机构实行民主集中制的原则。

全国人民代表大会和地方各级人民代表大会都由民主选举产生，对人民负责，受人民监督。

国家行政机关、监察机关、审判机关、检察机关都由人民代表大会产生，对它负责，受它监督。

中央和地方的国家机构职权的划分，遵循在中央的统一领导下，充分发挥地方的主动性、积极性的原则。

**第四条**　中华人民共和国各民族一律平等。国家保障各少数民族的合法的权利和利益，维护和发展各民族的平等团结互助和谐关系。禁止对任何民族的歧视和压迫，禁止破坏民族团结和制造民族分裂的行为。

国家根据各少数民族的特点和需要，帮助各少数民族地区加速经济和文化的发展。

各少数民族聚居的地方实行区域自治，设立自治机关，行使自治权。各民族自治地方都是中华人民共和国不可分离的部分。

各民族都有使用和发展自己的语言文字的自由，都有保持或者改革自己的风俗习惯的自由。

**第五条** 中华人民共和国实行依法治国，建设社会主义法治国家。

国家维护社会主义法制的统一和尊严。

一切法律、行政法规和地方性法规都不得同宪法相抵触。

一切国家机关和武装力量、各政党和各社会团体、各企业事业组织都必须遵守宪法和法律。一切违反宪法和法律的行为，必须予以追究。

任何组织或者个人都不得有超越宪法和法律的特权。

**第六条** 中华人民共和国的社会主义经济制度的基础是生产资料的社会主义公有制，即全民所有制和劳动群众集体所有制。社会主义公有制消灭人剥削人的制度，实行各尽所能、按劳分配的原则。

国家在社会主义初级阶段，坚持公有制为主体、多种所有制经济共同发展的基本经济制度，坚持按劳分配为主体、多种分配方式并存的分配制度。

**第七条** 国有经济，即社会主义全民所有制经济，是国民经济中的主导力量。国家保障国有经济的巩固和发展。

**第八条** 农村集体经济组织实行家庭承包经营为基础、统分结合的双层经营体制。农村中的生产、供销、信用、消费等各种形式的合作经济，是社会主义劳动群众集体所有制经济。参加农村集体经济组织的劳动者，有权在法律规定的范围内经营自留地、自留山、家庭副业和饲养自留畜。

城镇中的手工业、工业、建筑业、运输业、商业、服务业等行业的各种形式的合作经济，都是社会主义劳动群众集体所有制经济。

国家保护城乡集体经济组织的合法的权利和利益，鼓励、指导和帮助集体经济的发展。

**第九条** 矿藏、水流、森林、山岭、草原、荒地、滩涂等自然资源，都属于国家所有，即全民所有；由法律规定属于集体所有的森林和山岭、草原、荒地、滩涂除外。

国家保障自然资源的合理利用，保护珍贵的动物和植物。禁止任何组织或者个人用任何手段侵占或者破坏自然资源。

**第十条** 城市的土地属于国家所有。

农村和城市郊区的土地，除由法律规定属于国家所有的以外，属于集体所有；宅基地和自留地、自留山，也属于集体所有。

国家为了公共利益的需要，可以依照法律规定对土地实行征收或者征用并给予补偿。

任何组织或者个人不得侵占、买卖或者以其他形式非法转让土地。土地的使用权可以依照法律的规定转让。

一切使用土地的组织和个人必须合理地利用土地。

**第十一条** 在法律规定范围内的个体经济、私营经济等非公有制经济，是社会主义市场经济的重要组成部分。

国家保护个体经济、私营经济等非公有制经济的合法的权利和利益。国家鼓励、支持和引导非公有制经济的发展，并对非公有制经济依法实行监督和管理。

**第十二条** 社会主义的公共财产神圣不可侵犯。

国家保护社会主义的公共财产。禁止任何组织或者个人用任何手段侵占或者破坏国家的和集体的财产。

**第十三条** 公民的合法的私有财产不受侵犯。

国家依照法律规定保护公民的私有财产权和继承权。

国家为了公共利益的需要，可以依照法律规定对公民的私有财产实行征收或者征用并给予补偿。

**第十四条** 国家通过提高劳动者的积极性和技术水平，推广先进的科学技术，完善经济管理体制和企业经营管理制度，实行各种形式的社会主义责任制，改进劳动组织，以不断提高劳动生产率和经济效益，发展社会生产力。

国家厉行节约，反对浪费。

国家合理安排积累和消费，兼顾国家、集体和个人的利益，在发展生产的基础上，逐步改善人民的物质生活和文化生活。

国家建立健全同经济发展水平相适应的社会保障制度。

**第十五条** 国家实行社会主义市场经济。

国家加强经济立法，完善宏观调控。

国家依法禁止任何组织或者个人扰乱社会经济秩序。

**第十六条** 国有企业在法律规定的范围内有权自主经营。

国有企业依照法律规定，通过职工代表大会和其他形式，实行民主管理。

**第十七条** 集体经济组织在遵守有关法律的前提下，有独立进行经济活动的自主权。

集体经济组织实行民主管理，依照法律规定选举和罢免管理人员，决定经营管理的重大问题。

**第十八条** 中华人民共和国允许外国的企业和其他经济组织或者个人依照中华人民共和国法律的规定在中国投资，同中国的企业或者其他经济组织进行各种形式的经济合作。

在中国境内的外国企业和其他外国经济组织以及中外合资经营的企业，都必须遵守中华人民共和国的法律。它们的合法的权利和利益受中华人民共和国法律的保护。

**第十九条** 国家发展社会主义的教育事业，提高全国人民的科学文化水平。

国家举办各种学校，普及初等义务教育，发展中等教育、职业教育和高等教育，并且发展学前教育。

国家发展各种教育设施，扫除文盲，对工人、农民、国家工作人员和其他劳动者进行政治、文化、科学、技术、业务的教育，鼓励自学成才。

国家鼓励集体经济组织、国家企业事业组织和其他社会力量依照法律规定举办各种教育事业。

国家推广全国通用的普通话。

**第二十条** 国家发展自然科学和社会科学事业，普及科学和技术知识，奖励科学研究成果和技术发明创造。

**第二十一条** 国家发展医疗卫生事业，发展现代医药和我国传统医药，鼓励和支持农村集体经济组织、国家企业事业组织和街道组织举办各种医疗卫生设施，开展群众性的卫生活动，保护人民健康。

国家发展体育事业，开展群众性的体育活动，增强人民体质。

**第二十二条** 国家发展为人民服务、为社会主义服务的文学艺术事业、新闻广播电视事业、出版发行事业、图书馆博物馆文化馆和其他文化事业，开展群众性的文化活动。

国家保护名胜古迹、珍贵文物和其他重要历史文化遗产。

**第二十三条** 国家培养为社会主义服务的各种专业人才，扩大知识分子的队伍，创造条件，充分发挥他们在社会主义现代化建设中的作用。

**第二十四条** 国家通过普及理想教育、道德教育、文化教育、纪律和法制教育，通过在城乡不同范围的群众中制定和执行各种守则、公约，加强社会主义精神文明的建设。

国家倡导社会主义核心价值观，提倡爱祖国、爱人民、爱劳动、爱科学、爱社会主义的公德，在人民中进行爱国主义、集体主义和国际主义、共产主义的教育，进行辩证唯物主义和历史唯物主义的教育，反对资本主义的、封建主义的和其他的腐朽思想。

**第二十五条** 国家推行计划生育，使人口的增长同经济和社会发展计划相适应。

**第二十六条** 国家保护和改善生活环境和生态环境，防治污染和其他公害。

国家组织和鼓励植树造林，保护林木。

**第二十七条** 一切国家机关实行精简的原则，实行工作责任制，实行工作人员的培训和考核制度，不断提高工作质量和工作效率，反对官僚主义。

一切国家机关和国家工作人员必须依靠人民的支持，经常保持同人民的密切联系，倾听人民的意见和建议，接受人民的监督，努力为人民服务。

国家工作人员就职时应当依照法律规定公开进行宪法宣誓。

**第二十八条** 国家维护社会秩序，镇压叛国和其他危害国家安全的犯罪活动，制裁危害社会治安、破坏社会主义经济和其他犯罪的活动，惩办和改造犯罪分子。

**第二十九条** 中华人民共和国的武装力量属于人民。它的任务是巩固国防，抵抗侵略，保卫祖国，保卫人民的和平劳动，参加国家建设事业，努力为人民服务。

国家加强武装力量的革命化、现代化、正规化的建设，增强国防力量。

**第三十条** 中华人民共和国的行政区域划分如下：

（一）全国分为省、自治区、直辖市；

（二）省、自治区分为自治州、县、自治县、市；

（三）县、自治县分为乡、民族乡、镇。

直辖市和较大的市分为区、县。自治州分为县、自治县、市。

自治区、自治州、自治县都是民族自治地方。

**第三十一条** 国家在必要时得设立特别行政区。在特别行政区内实行的制度按照具体情况由全国人民代表大会以法律规定。

**第三十二条** 中华人民共和国保护在中国境内的外国人的合法权利和利益，在中国境内的外国人必须遵守中华人民共和国的法律。

中华人民共和国对于因为政治原因要求避难的外国人，可以给予受庇护的权利。

## 第二章　公民的基本权利和义务

**第三十三条** 凡具有中华人民共和国国籍的人都是中华人民共和国公民。

中华人民共和国公民在法律面前一律平等。

国家尊重和保障人权。

任何公民享有宪法和法律规定的权利，同时必须履行宪法和法律规定的义务。

**第三十四条** 中华人民共和国年满十八周岁的公民，不分民族、种族、性别、职业、家庭出身、宗教信仰、教育程度、财产状况、居住期限，都有选举权和被选举权；但是依照法律被剥夺政治权利的人除外。

**第三十五条** 中华人民共和国公民有言论、出版、集会、结社、游行、示威的自由。

**第三十六条** 中华人民共和国公民有宗教信仰自由。

任何国家机关、社会团体和个人不得强制公民信仰宗教或者不信仰宗教，不得歧视信仰宗教的公民和不信仰宗教的公民。

国家保护正常的宗教活动。任何人不得利用宗教进行破坏社会秩序、损害公民身体健康、妨碍国家教育制度的活动。

宗教团体和宗教事务不受外国势力的支配。

**第三十七条** 中华人民共和国公民的人身自由不受侵犯。

任何公民，非经人民检察院批准或者决定或者人民法院决定，并由公安机关执行，不受逮捕。

禁止非法拘禁和以其他方法非法剥夺或者限制公民的人身自由，禁止非法搜查公民的身体。

**第三十八条** 中华人民共和国公民的人格尊严不受侵犯。禁止用任何方法对公民进行侮辱、诽谤和诬告陷害。

**第三十九条** 中华人民共和国公民的住宅不受侵犯。禁止非法搜查或者非法侵入公民的住宅。

**第四十条** 中华人民共和国公民的通信自由和通信秘密受法律的保护。除因国家安全或者追查刑事犯罪的需要，由公安机关或者检察机关依照法律规定的程序对通信进行检查外，任何组织或者个人不得以任何理由侵犯公民的通信自由和通信秘密。

**第四十一条** 中华人民共和国公民对于任何国家机关和国家工作人员，有提出批评和建议的权利；对于任何国家机关和国家工作人员的违法失职行为，有向有关国家机关提出申诉、控告或者检举的权利，但是不得捏造或者歪曲事实进行诬告陷害。

对于公民的申诉、控告或者检举，有关国家机关必须查清事实，负责处理。任何人不得压制和打击报复。

由于国家机关和国家工作人员侵犯公民权利而受到损失的人，有依照法律规定取得赔偿的权利。

**第四十二条** 中华人民共和国公民有劳动的权利和义务。

国家通过各种途径，创造劳动就业条件，加强劳动保护，改善劳动条件，并在发展生产的基础上，提高劳动报酬和福利待遇。

劳动是一切有劳动能力的公民的光荣职责。国有企业和城乡集体经济组织的劳动者都应当以国家主人翁的态度对待自己的劳动。国家提倡社会主义劳动竞赛，奖励劳动模范和先进工作者。国家提倡公民从事义务劳动。

国家对就业前的公民进行必要的劳动就业训练。

**第四十三条** 中华人民共和国劳动者有休息的权利。

国家发展劳动者休息和休养的设施，规定职工的工作时间和休假制度。

**第四十四条** 国家依照法律规定实行企业事业组织的职工和国家机关工作人员的退休制度。退休人员的生活受到国家和社会的保障。

**第四十五条** 中华人民共和国公民在年老、疾病或者丧失劳动能力的情况下，有从国家和社会获得物质帮助的权利。国家发展为公民享受这些权利所需要的社会保险、社会救济和医疗卫生事业。

国家和社会保障残废军人的生活，抚恤烈士家属，优待军人家属。

国家和社会帮助安排盲、聋、哑和其他有残疾的公民的劳动、生活和教育。

**第四十六条** 中华人民共和国公民有受教育的权利和义务。

国家培养青年、少年、儿童在品德、智力、体质等方面全面发展。

**第四十七条** 中华人民共和国公民有进行科学研究、文学艺术创作和其他文化活动的自由。国家对于从事教育、科学、技术、文学、艺术和其他文化事业的公民的有益于人民的创造性工作，给以鼓励和帮助。

**第四十八条** 中华人民共和国妇女在政治的、经济的、文化的、社会的和家庭的生活等各方面享有同男子平等的权利。

国家保护妇女的权利和利益，实行男女同工同酬，培养和选拔妇女干部。

**第四十九条** 婚姻、家庭、母亲和儿童受国家的保护。

夫妻双方有实行计划生育的义务。

父母有抚养教育未成年子女的义务，成年子女有赡养扶助父母的义务。

禁止破坏婚姻自由，禁止虐待老人、妇女和儿童。

**第五十条** 中华人民共和国保护华侨的正当的权利和利益，保护归侨和侨眷的合法的权利和利益。

**第五十一条** 中华人民共和国公民在行使自由和权利的时候，不得损害国家的、社会的、集体的利益和其他公民的合法的自由和权利。

**第五十二条** 中华人民共和国公民有维护国家统一和全国各民族团结的义务。

**第五十三条** 中华人民共和国公民必须遵守宪法和法律，保守国家秘密，爱护公共财产，遵守劳动纪律，遵守公共秩序，尊重社会公德。

**第五十四条** 中华人民共和国公民有维护祖国的安全、荣誉和利益的义务，不得有危害祖国的安全、荣誉和利益的行为。

**第五十五条** 保卫祖国、抵抗侵略是中华人民共和国每一个公民的神圣职责。

依照法律服兵役和参加民兵组织是中华人民共和国公民的光荣义务。

**第五十六条** 中华人民共和国公民有依照法律纳税的义务。

## 第三章 国家机构

### 第一节 全国人民代表大会

**第五十七条** 中华人民共和国全国人民代表大会是最高国家权力机关。它的常设机关是全国人民代表大会常务委员会。

**第五十八条** 全国人民代表大会和全国人民代表大会常务委员会行使国家立法权。

**第五十九条** 全国人民代表大会由省、自治区、直辖市、特别行政区和军队选出的代表组成。各少数民族都应当有适当名额的代表。

全国人民代表大会代表的选举由全国人民代表大会常务委员会主持。

全国人民代表大会代表名额和代表产生办法由法律规定。

**第六十条** 全国人民代表大会每届任期五年。

全国人民代表大会任期届满的两个月以前，全国人民代表大会常务委员会必须完成下届全国人民代表大会代表的选举。如果遇到不能进行选举的非常情况，由全国人民代表大会常务委员会以全体组成人员的三分之二以上的多数通过，可以推迟选举，延长本届全国人民代表大会的任期。在非常情况结束后一年内，必须完成下届全国人民代表大会代表的选举。

**第六十一条** 全国人民代表大会会议每年举行一次，由全国人民代表大会常务委员会召集。如果全国人民代表大会常务委员会认为必要，或者有五分之一以上的全国人民代表大会代表提议，可以临时召集全国人民代表大会会议。

全国人民代表大会举行会议的时候，选举主席团主持会议。

**第六十二条** 全国人民代表大会行使下列职权：

（一）修改宪法；

（二）监督宪法的实施；

（三）制定和修改刑事、民事、国家机构的和其他的基本法律；

（四）选举中华人民共和国主席、副主席；

（五）根据中华人民共和国主席的提名，决定国务院总理的人选；根据国务院总理的提名，决定国务院副总理、国务委员、各部部长、各委员会主任、审计长、秘书长的人选；

（六）选举中央军事委员会主席；根据中央军事委员会主席的提名，决定中央军事委员会其他组成人员的人选；

（七）选举国家监察委员会主任；

（八）选举最高人民法院院长；

（九）选举最高人民检察院检察长；

（十）审查和批准国民经济和社会发展计划和计划执行情况的报告；

（十一）审查和批准国家的预算和预算执行情况的报告；

（十二）改变或者撤销全国人民代表大会常务委员会不适当的决定；

（十三）批准省、自治区和直辖市的建置；

（十四）决定特别行政区的设立及其制度；

（十五）决定战争和和平的问题；

（十六）应当由最高国家权力机关行使的其他职权。

**第六十三条** 全国人民代表大会有权罢免下列人员：

（一）中华人民共和国主席、副主席；

（二）国务院总理、副总理、国务委员、各部部长、各委员会主任、审计长、秘书长；

（三）中央军事委员会主席和中央军事委员会其他组成人员；

（四）国家监察委员会主任；

（五）最高人民法院院长；

（六）最高人民检察院检察长。

**第六十四条** 宪法的修改，由全国人民代表大会常务委员会或者五分之一以上的全国人民代表大会代表提议，并由全国人民代表大会以全体代表的三分之二以上的多数通过。

法律和其他议案由全国人民代表大会以全体代表的过半数通过。

**第六十五条** 全国人民代表大会常务委员会由下列人员组成：

委员长，

副委员长若干人，

秘书长，

委员若干人。

全国人民代表大会常务委员会组成人员中，应当有适当名额的少数民族代表。

全国人民代表大会选举并有权罢免全国人民代表大会常务委员会的组成人员。

全国人民代表大会常务委员会的组成人员不得担任国家行政机关、监察机关、审判机关和检察机关的职务。

**第六十六条** 全国人民代表大会常务委员会每届任期同全国人民代表大会每届任期相同，它行使职权到下届全国人民代表大会选出新的常务委员会为止。

委员长、副委员长连续任职不得超过两届。

**第六十七条** 全国人民代表大会常务委员会行使下列职权：

（一）解释宪法，监督宪法的实施；

（二）制定和修改除应当由全国人民代表大会制定的法律以外的其他法律；

（三）在全国人民代表大会闭会期间，对全国人民代表大会制定的法律进行部分补充和修改，但是不得同该法律的基本原则相抵触；

（四）解释法律；

（五）在全国人民代表大会闭会期间，审查和批准国民经济和社会发展计划、国家预算在执行过程中所必须作的部分调整方案；

（六）监督国务院、中央军事委员会、国家监察委员会、最高人民法院和最高人民检察院的工作；

（七）撤销国务院制定的同宪法、法律相抵触的行政法规、决定和命令；

（八）撤销省、自治区、直辖市国家权力机关制定的同宪法、法律和行政法规相抵触的地方性法规和决议；

（九）在全国人民代表大会闭会期间，根据国务院总理的提名，决定部长、委员会主任、审计长、秘书长的人选；

（十）在全国人民代表大会闭会期间，根据中央军事委员会主席的提名，决定中央军事委员会其他组成人员的人选；

（十一）根据国家监察委员会主任的提请，任免国家监察委员会副主任、委员；

（十二）根据最高人民法院院长的提请，任免最高人民法院副院长、审判员、审判委员会委员和军事法院院长；

（十三）根据最高人民检察院检察长的提请，任免最高人民检察院副检察长、检察员、检察委员会委员和军事检察院检察长，并且批准省、自治区、直辖市的人民检察院检察长的任免；

（十四）决定驻外全权代表的任免；

（十五）决定同外国缔结的条约和重要协定的批准和废除；

（十六）规定军人和外交人员的衔级制度和其他专门衔级制度；

（十七）规定和决定授予国家的勋章和荣誉称号；

（十八）决定特赦；

（十九）在全国人民代表大会闭会期间，如果遇到国家遭受武装侵犯或者必须履行国际间共同防止侵略的条约的情况，决定战争状态的宣布；

（二十）决定全国总动员或者局部动员；

（二十一）决定全国或者个别省、自治区、直辖市进入紧急状态；

（二十二）全国人民代表大会授予的其他职权。

**第六十八条** 全国人民代表大会常务委员会委员长主持全国人民代表大会常务委员会的工作，召集全国人民代表大会常务委员会会议。副委员长、秘书长协助委员长工作。

委员长、副委员长、秘书长组成委员长会议，处理全国人民代表大会常务委员会的重要日常工作。

**第六十九条** 全国人民代表大会常务委员会对全国人民代表大会负责并报告工作。

**第七十条** 全国人民代表大会设立民族委员会、宪法和法律委员会、财政经济委员会、教育科学文化卫生委员会、外事委员会、华侨委员会和其他需要设立的专门委员会。在全国人民代表大会闭会期间，各专门委员会受全国人民代表大会常务委员会的领导。

各专门委员会在全国人民代表大会和全国人民代表大会常务委员会领导下，研究、审议和拟订有关议案。

**第七十一条** 全国人民代表大会和全国人民代表大会常务委员会认为必要的时候，可以组织关于特定问题的调查委员会，并且根据调查委员会的报告，作出相应的决议。

调查委员会进行调查的时候，一切有关的国家机关、社会团体和公民都有义务向它提供必要的材料。

**第七十二条** 全国人民代表大会代表和全国人民代表大会常务委员会组成人员，有权依照法律规定的程序分别提出属于全国人民代表大会和全国人民代表大会常务委员会职权范围内的议案。

**第七十三条** 全国人民代表大会代表在全国人民代表大会开会期间，全国人民代表大会常务委员会组成人员在常务委员会开会期间，有权依照法律规定的程序提出对国务院或者国务院各部、各委员会的质询案。受质询的机关必须负责答复。

**第七十四条** 全国人民代表大会代表，非经全国人民代表大会会议主席团许可，在全国人民代表大会闭会期间非经全国人民代表大会常务委员会许可，不受逮捕或者刑事审判。

**第七十五条** 全国人民代表大会代表在全国人民代表大会各种会议上的发言和表决，不受法律追究。

**第七十六条** 全国人民代表大会代表必须模范地遵守宪法和法律，保守国家秘密，并且在自己参加的生产、工作和社会活动中，协助宪法和法律的实施。

全国人民代表大会代表应当同原选举单位和人民保持密切的联系，听取和反映人民的意见和要求，努力为人民服务。

**第七十七条** 全国人民代表大会代表受原选举单位的监督。原选举单位有权依照法律规定的程序罢免本单位选出的代表。

**第七十八条** 全国人民代表大会和全国人民代表大会常务委员会的组织和工作程序由法律规定。

## 第二节 中华人民共和国主席

**第七十九条** 中华人民共和国主席、副主席由全国人民代表大会选举。

有选举权和被选举权的年满四十五周岁的中华人民共和国公民可以被选为中华人民共和国主席、副主席。

中华人民共和国主席、副主席每届任期同全国人民代表大会每届任期相同。

**第八十条** 中华人民共和国主席根据全国人民代表大会的决定和全国人民代表大会常务委员会的决定，公布法律，任免国务院总理、副总理、国务委员、各部部长、各委员会主任、审计长、秘书长，授予国家的勋章和荣誉称号，发布特赦令，宣布进入紧急状态，宣布战争状态，发布动员令。

**第八十一条** 中华人民共和国主席代表中华人民共和国，进行国事活动，接受外国使节；根据全国人民代表大会常务委员会的决定，派遣和召回驻外全权代表，批准和废除同外国缔结的条约和重要协定。

**第八十二条** 中华人民共和国副主席协助主席工作。

中华人民共和国副主席受主席的委托，可以代行主席的部分职权。

**第八十三条** 中华人民共和国主席、副主席行使职权到下届全国人民代表大会选出的主席、副主席就职为止。

**第八十四条** 中华人民共和国主席缺位的时候，由副主席继任主席的职位。

中华人民共和国副主席缺位的时候，由全国人民代表大会补选。

中华人民共和国主席、副主席都缺位的时候，由全国人民代表大会补选；在补选以前，由全国人民代表大会常务委员会委员长暂时代理主席职位。

## 第三节　国务院

**第八十五条**　中华人民共和国国务院，即中央人民政府，是最高国家权力机关的执行机关，是最高国家行政机关。

**第八十六条**　国务院由下列人员组成：

总理，

副总理若干人，

国务委员若干人，

各部部长，

各委员会主任，

审计长，

秘书长。

国务院实行总理负责制。各部、各委员会实行部长、主任负责制。

国务院的组织由法律规定。

**第八十七条**　国务院每届任期同全国人民代表大会每届任期相同。

总理、副总理、国务委员连续任职不得超过两届。

**第八十八条**　总理领导国务院的工作。副总理、国务委员协助总理工作。

总理、副总理、国务委员、秘书长组成国务院常务会议。

总理召集和主持国务院常务会议和国务院全体会议。

**第八十九条**　国务院行使下列职权：

（一）根据宪法和法律，规定行政措施，制定行政法规，发布决定和命令；

（二）向全国人民代表大会或者全国人民代表大会常务委员会提出议案；

（三）规定各部和各委员会的任务和职责，统一领导各部和各委员会的工作，并且领导不属于各部和各委员会的全国性的行政工作；

（四）统一领导全国地方各级国家行政机关的工作，规定中央和省、自治区、直辖市的国家行政机关的职权的具体划分；

（五）编制和执行国民经济和社会发展计划和国家预算；

（六）领导和管理经济工作和城乡建设、生态文明建设；

（七）领导和管理教育、科学、文化、卫生、体育和计划生育工作；

（八）领导和管理民政、公安、司法行政等工作；

（九）管理对外事务，同外国缔结条约和协定；

（十）领导和管理国防建设事业；

（十一）领导和管理民族事务，保障少数民族的平等权利和民族自治地方的自治权利；

（十二）保护华侨的正当的权利和利益，保护归侨和侨眷的合法的权利和利益；

（十三）改变或者撤销各部、各委员会发布的不适当的命令、指示和规章；

（十四）改变或者撤销地方各级国家行政机关的不适当的决定和命令；

（十五）批准省、自治区、直辖市的区域划分，批准自治州、县、自治县、市的建置和区域划分；

（十六）依照法律规定决定省、自治区、直辖市的范围内部分地区进入紧急状态；

（十七）审定行政机构的编制，依照法律规定任免、培训、考核和奖惩行政人员；

（十八）全国人民代表大会和全国人民代表大会常务委员会授予的其他职权。

**第九十条** 国务院各部部长、各委员会主任负责本部门的工作；召集和主持部务会议或者委员会会议、委务会议，讨论决定本部门工作的重大问题。

各部、各委员会根据法律和国务院的行政法规、决定、命令，在本部门的权限内，发布命令、指示和规章。

**第九十一条** 国务院设立审计机关，对国务院各部门和地方各级政府的财政收支，对国家的财政金融机构和企业事业组织的财务收支，进行审计监督。

审计机关在国务院总理领导下，依照法律规定独立行使审计监督权，不受其他行政机关、社会团体和个人的干涉。

**第九十二条** 国务院对全国人民代表大会负责并报告工作；在全国人民代表大会闭会期间，对全国人民代表大会常务委员会负责并报告工作。

### 第四节 中央军事委员会

**第九十三条** 中华人民共和国中央军事委员会领导全国武装力量。

中央军事委员会由下列人员组成：

主席，

副主席若干人，

委员若干人。

中央军事委员会实行主席负责制。

中央军事委员会每届任期同全国人民代表大会每届任期相同。

**第九十四条** 中央军事委员会主席对全国人民代表大会和全国人民代表大会常务委员会负责。

### 第五节 地方各级人民代表大会和地方各级人民政府

**第九十五条** 省、直辖市、县、市、市辖区、乡、民族乡、镇设立人民代表大会和人民政府。

地方各级人民代表大会和地方各级人民政府的组织由法律规定。

自治区、自治州、自治县设立自治机关。自治机关的组织和工作根据宪法第三章第五节、第六节规定的基本原则由法律规定。

**第九十六条** 地方各级人民代表大会是地方国家权力机关。

县级以上的地方各级人民代表大会设立常务委员会。

**第九十七条** 省、直辖市、设区的市的人民代表大会代表由下一级的人民代表大会选举；县、不设区的市、市辖区、乡、民族乡、镇的人民代表大会代表由选民直接选举。

地方各级人民代表大会代表名额和代表产生办法由法律规定。

**第九十八条** 地方各级人民代表大会每届任期五年。

**第九十九条** 地方各级人民代表大会在本行政区域内，保证宪法、法律、行政法规的遵守和执行；依照法律规定的权限，通过和发布决议，审查和决定地方的经济建设、文化建设和公共事业建设的计划。

县级以上的地方各级人民代表大会审查和批准本行政区域内的国民经济和社会发展计划、预算以及它们的执行情况的报告；有权改变或者撤销本级人民代表大会常务委员会不适当的决定。

民族乡的人民代表大会可以依照法律规定的权限采取适合民族特点的具体措施。

**第一百条** 省、直辖市的人民代表大会和它们的常务委员会，在不同宪法、法律、行政法规相抵触的前提下，可以制定地方性法规，报全国人民代表大会常务委员会备案。

设区的市的人民代表大会和它们的常务委员会，在不同宪法、法律、行政法规和本省、自治区的地方性法规相抵触的前提下，可以依照法律规定制定地方性法规，报本省、自治区人民代表大会常务委员会批准后施行。

**第一百零一条** 地方各级人民代表大会分别选举并且有权罢免本级人民政府的省长和副省长、市长和副市长、县长和副县长、区长和副区长、乡长和副乡长、镇长和副镇长。

县级以上的地方各级人民代表大会选举并且有权罢免本级监察委员会主任、本级人民法院院长和本级人民检察院检察长。选出或者罢免人民检察院检察长，须报上级人民检察院检察长提请该级人民代表大会常务委员会批准。

**第一百零二条** 省、直辖市、设区的市的人民代表大会代表受原选举单位的监督；县、不设区的市、市辖区、乡、民族乡、镇的人民代表大会代表受选民的监督。

地方各级人民代表大会代表的选举单位和选民有权依照法律规定的程序罢免由他们选出的代表。

**第一百零三条** 县级以上的地方各级人民代表大会常务委员会由主任、副主任若干人和委员若干人组成，对本级人民代表大会负责并报告工作。

县级以上的地方各级人民代表大会选举并有权罢免本级人民代表大会常务委员会的组成人员。

县级以上的地方各级人民代表大会常务委员会的组成人员不得担任国家行政机关、监察机关、审判机关和检察机关的职务。

**第一百零四条** 县级以上的地方各级人民代表大会常务委员会讨论、决定本行政区域内各方面工作的重大事项；监督本级人民政府、监察委员会、人民法院和人民检察院的工作；撤销本级人民政府的不适当的决定和命令；撤销下一级人民代表大会的不适当的决议；依照法律规定的权限决定国家机关工作人员的任免；在本级人民代表大会闭会期间，罢免和补选上一级人民代表大会的个别代表。

**第一百零五条** 地方各级人民政府是地方各级国家权力机关的执行机关，是地方各级国家行政机关。

地方各级人民政府实行省长、市长、县长、区长、乡长、镇长负责制。

**第一百零六条** 地方各级人民政府每届任期同本级人民代表大会每届任期相同。

**第一百零七条** 县级以上地方各级人民政府依照法律规定的权限，管理本行政区域内的经济、教育、科学、文化、卫生、体育事业、城乡建设事业和财政、民政、公安、民族事务、司法行政、计划生育等行政工作，发布决定和命令，任免、培训、考核和奖惩行政工作人员。

乡、民族乡、镇的人民政府执行本级人民代表大会的决议和上级国家行政机关的决定和命令，管理本行政区域内的行政工作。

省、直辖市的人民政府决定乡、民族乡、镇的建置和区域划分。

**第一百零八条** 县级以上的地方各级人民政府领导所属各工作部门和下级人民政府的工作，有权改变或者撤销所属各工作部门和下级人民政府的不适当的决定。

**第一百零九条** 县级以上的地方各级人民政府设立审计机关。地方各级审计机关依照法律规定独立行使审计监督权，对本级人民政府和上一级审计机关负责。

**第一百一十条** 地方各级人民政府对本级人民代表大会负责并报告工作。县级以上的地方各级人民政府在本级人民代表大会闭会期间，对本级人民代表大会常务委员会负责并报告工作。

地方各级人民政府对上一级国家行政机关负责并报告工作。全国地方各级人民政府都是国务院统一领导下的国家行政机关，都服从国务院。

**第一百一十一条** 城市和农村按居民居住地区设立的居民委员会或者村民委员会是基层群众性自治组织。居民委员会、村民委员会的主任、副主任和委员由居民选举。居民委员会、村民委员会同基层政权的相互关系由法律规定。

居民委员会、村民委员会设人民调解、治安保卫、公共卫生等委员会，办理本居住地区的公共事务和公益事业，调解民间纠纷，协助维护社会治安，并且向人民政府反映群众的意见、要求和提出建议。

## 第六节　民族自治地方的自治机关

**第一百一十二条**　民族自治地方的自治机关是自治区、自治州、自治县的人民代表大会和人民政府。

**第一百一十三条**　自治区、自治州、自治县的人民代表大会中，除实行区域自治的民族的代表外，其他居住在本行政区域内的民族也应当有适当名额的代表。

自治区、自治州、自治县的人民代表大会常务委员会中应当有实行区域自治的民族的公民担任主任或者副主任。

**第一百一十四条**　自治区主席、自治州州长、自治县县长由实行区域自治的民族的公民担任。

**第一百一十五条**　自治区、自治州、自治县的自治机关行使宪法第三章第五节规定的地方国家机关的职权，同时依照宪法、民族区域自治法和其他法律规定的权限行使自治权，根据本地方实际情况贯彻执行国家的法律、政策。

**第一百一十六条**　民族自治地方的人民代表大会有权依照当地民族的政治、经济和文化的特点，制定自治条例和单行条例。自治区的自治条例和单行条例，报全国人民代表大会常务委员会批准后生效。自治州、自治县的自治条例和单行条例，报省或者自治区的人民代表大会常务委员会批准后生效，并报全国人民代表大会常务委员会备案。

**第一百一十七条**　民族自治地方的自治机关有管理地方财政的自治权。凡是依照国家财政体制属于民族自治地方的财政收入，都应当由民族自治地方的自治机关自主地安排使用。

**第一百一十八条**　民族自治地方的自治机关在国家计划的指导下，自主地安排和管理地方性的经济建设事业。

国家在民族自治地方开发资源、建设企业的时候，应当照顾民族自治地方的利益。

**第一百一十九条** 民族自治地方的自治机关自主地管理本地方的教育、科学、文化、卫生、体育事业，保护和整理民族的文化遗产，发展和繁荣民族文化。

**第一百二十条** 民族自治地方的自治机关依照国家的军事制度和当地的实际需要，经国务院批准，可以组织本地方维护社会治安的公安部队。

**第一百二十一条** 民族自治地方的自治机关在执行职务的时候，依照本民族自治地方自治条例的规定，使用当地通用的一种或者几种语言文字。

**第一百二十二条** 国家从财政、物资、技术等方面帮助各少数民族加速发展经济建设和文化建设事业。

国家帮助民族自治地方从当地民族中大量培养各级干部、各种专业人才和技术工人。

## 第七节　监察委员会

**第一百二十三条** 中华人民共和国各级监察委员会是国家的监察机关。

**第一百二十四条** 中华人民共和国设立国家监察委员会和地方各级监察委员会。

监察委员会由下列人员组成：

主任，

副主任若干人，

委员若干人。

监察委员会主任每届任期同本级人民代表大会每届任期相同。国家监察委员会主任连续任职不得超过两届。

监察委员会的组织和职权由法律规定。

**第一百二十五条** 中华人民共和国国家监察委员会是最高监察机关。

国家监察委员会领导地方各级监察委员会的工作，上级监察委员会领导下级监察委员会的工作。

**第一百二十六条** 国家监察委员会对全国人民代表大会和全国人民代表大会常务委员会负责。地方各级监察委员会对产生它的国家权力机关和上一级监察委员会负责。

**第一百二十七条** 监察委员会依照法律规定独立行使监察权，不受行政机关、社会团体和个人的干涉。

监察机关办理职务违法和职务犯罪案件，应当与审判机关、检察机关、执法部门互相配合，互相制约。

### 第八节 人民法院和人民检察院

**第一百二十八条** 中华人民共和国人民法院是国家的审判机关。

**第一百二十九条** 中华人民共和国设立最高人民法院、地方各级人民法院和军事法院等专门人民法院。

最高人民法院院长每届任期同全国人民代表大会每届任期相同，连续任职不得超过两届。

人民法院的组织由法律规定。

**第一百三十条** 人民法院审理案件，除法律规定的特别情况外，一律公开进行。被告人有权获得辩护。

**第一百三十一条** 人民法院依照法律规定独立行使审判权，不受行政机关、社会团体和个人的干涉。

**第一百三十二条** 最高人民法院是最高审判机关。

最高人民法院监督地方各级人民法院和专门人民法院的审判工作，上级人民法院监督下级人民法院的审判工作。

**第一百三十三条** 最高人民法院对全国人民代表大会和全国人民代表大会常务委员会负责。地方各级人民法院对产生它的国家权力机关负责。

**第一百三十四条** 中华人民共和国人民检察院是国家的法律监督机关。

**第一百三十五条** 中华人民共和国设立最高人民检察院、地方各级人民检察院和军事检察院等专门人民检察院。

最高人民检察院检察长每届任期同全国人民代表大会每届任期相同，连续任职不得超过两届。

人民检察院的组织由法律规定。

**第一百三十六条** 人民检察院依照法律规定独立行使检察权，不受行政机关、社会团体和个人的干涉。

**第一百三十七条** 最高人民检察院是最高检察机关。

最高人民检察院领导地方各级人民检察院和专门人民检察院的工作，上级人民检察院领导下级人民检察院的工作。

**第一百三十八条** 最高人民检察院对全国人民代表大会和全国人民代表大会常务委员会负责。地方各级人民检察院对产生它的国家权力机关和上级人民检察院负责。

**第一百三十九条** 各民族公民都有用本民族语言文字进行诉讼的权利。人民法院和人民检察院对于不通晓当地通用的语言文字的诉讼参与人，应当为他们翻译。

在少数民族聚居或者多民族共同居住的地区，应当用当地通用的语言进行审理；起诉书、判决书、布告和其他文书应当根据实际需要使用当地通用的一种或者几种文字。

**第一百四十条** 人民法院、人民检察院和公安机关办理刑事案件，应当分工负责，互相配合，互相制约，以保证准确有效地执行法律。

## 第四章 国旗、国歌、国徽、首都

**第一百四十一条** 中华人民共和国国旗是五星红旗。

中华人民共和国国歌是《义勇军进行曲》。

**第一百四十二条** 中华人民共和国国徽，中间是五星照耀下的天安门，周围是谷穗和齿轮。

**第一百四十三条** 中华人民共和国首都是北京。

## 相关文件：

# 《中华人民共和国宪法修正案》

（2018 年 3 月 11 日第十三届全国人民代表大会第一次会议通过）

**第三十二条** 宪法序言第七自然段中“在马克思列宁主义、毛泽东思想、邓小平理论和‘三个代表’重要思想指引下”修改为“在马克思列宁主义、毛泽东思想、邓小平理论、‘三个代表’重要思想、科学发展观、习近平新时代中国特色社会主义思想指引下”；“健全社会主义法制”修改为“健全社会主义法治”；在“自力更生，艰苦奋斗”前增写“贯彻新发展理念”；“推动物质文明、政治文明和精神文明协调发展，把我国建设成为富强、民主、文明的社会主义国家”修改为“推动物质文明、政治文明、精神文明、社会文明、生态文明协调发展，把我国建设成为富强民主文明和谐美丽的社会主义现代化强国，实现中华民族伟大复兴”。这一自然段相应修改为：“中国新民主主义革命的胜利和社会主义事业的成就，是中国共产党领导中国各族人民，在马克思列宁主义、毛泽东思想的指引下，坚持真理，修正错误，战胜许多艰难险阻而取得的。我国将长期处于社会主义初级阶段。国家的根本任务是，沿着中国特色社会主义道路，集中力量进行社会主义现代化建设。中国各族人民将继续在中国共产党领导下，在马克思列宁主义、毛泽东思想、邓小平理论、‘三个代表’重要思想、科学发展观、习近平新时代中国特色社会主义思想指引下，坚持人民民主专政，坚持社会主义道路，坚持改革开放，不断完善社会主义的各项制度，发展社会主义市场经济，发展社会主义民主，健全社会主义法治，贯彻新发展理念，自力更生，艰苦奋斗，逐步实现工业、农业、国防和科学技术的现代化，推动物质文明、政治文明、精神文明、社会文明、生态文明协调发展，把我国建设成为富强民主文明和谐美丽的社会主义现代化强国，实现中华民族伟大复兴。”

**第三十三条** 宪法序言第十自然段中“在长期的革命和建设过程中”修改为“在长期的革命、建设、改革过程中”；“包括全体社会主义劳动者、社会主义事业的建设者、拥护社会主义的爱国者和拥护祖国统一的爱国者的广泛的爱国统一战线”修改为“包括全体社会主义劳动者、社会主义事业的建设者、拥护社会主义的爱国者、拥护祖国统一和致力于中华民族伟大复兴的爱国者的广泛的爱国统一战线”。这一自然段相应修改为：“社会主义的建设事业必须依靠工人、农民和知识分子，团结一切可以团结的力量。在长期的革命、建设、改革过程中，已经结成由中国共产党领导的，有各民主党派和各人民团体参加的，包括全体社会主义劳动者、社会主义事业的建设者、拥护社会主义的爱国者、拥护祖国统一和致力于中华民族伟大复兴的爱国者的广泛的爱国统一战线，这个统一战线将继续巩固和发展。中国人民政治协商会议是有广泛代表性的统一战线组织，过去发挥了重要的历史作用，今后在国家政治生活、社会生活和对外友好活动中，在进行社会主义现代化建设、维护国家的统一和团结的斗争中，将进一步发挥它的重要作用。中国共产党领导的多党合作和政治协商制度将长期存在和发展。”

**第三十四条** 宪法序言第十一自然段中“平等、团结、互助的社会主义民族关系已经确立，并将继续加强。”修改为：“平等团结互助和谐的社会主义民族关系已经确立，并将继续加强。”

**第三十五条** 宪法序言第十二自然段中“中国革命和建设的成就是同世界人民的支持分不开的”修改为“中国革命、建设、改革的成就是同世界人民的支持分不开的”；“中国坚持独立自主的对外政策，坚持互相尊重主权和领土完整、互不侵犯、互不干涉内政、平等互利、和平共处的五项原则”后增加“坚持和平发展道路，坚持互利共赢开放战略”；“发展同各国的外交关系和经济、文化的交流”修改为“发展同各国的外交关系和经济、文化交流，推动构建人类命运共同体”。这一自然段相应修改为：“中国革命、建设、改革的成就是同世界人民的支持分不开的。中国的前途是同世界的前途紧密地联系在一起的。中国坚持独立自主的对外政策，坚持互相尊重主权和领土完整、互不侵犯、互不干涉内政、平等互利、和平共处的五项原则，坚持和平发展道路，坚持互利共赢开放战略，发展同各国的外交关系和经济、文化交流，推动构建人类命运共同体；坚持反对帝国主义、霸权主义、殖民主义，加强同世界各国人民的团结，支持被压迫民族和发展中国家争取和维护民族独立、发展民族经济的正义斗争，为维护世界和平和促进人类进步事业而努力。”

**第三十六条** 宪法第一条第二款“社会主义制度是中华人民共和国的根本制度。”后增写一句，内容为：“中国共产党领导是中国特色社会主义最本质的特征。”

**第三十七条** 宪法第三条第三款“国家行政机关、审判机关、检察机关都由人民代表大会产生，对它负责，受它监督。”修改为：“国家行政机关、监察机关、审判机关、检察机关都由人民代表大会产生，对它负责，受它监督。”

**第三十八条** 宪法第四条第一款中“国家保障各少数民族的合法的权利和利益，维护和发展各民族的平等、团结、互助关系。”修改为：“国家保障各少数民族的合法的权利和利益，维护和发展各民族的平等团结互助和谐关系。”

**第三十九条** 宪法第二十四条第二款中“国家提倡爱祖国、爱人民、爱劳动、爱科学、爱社会主义的公德”修改为“国家倡导社会主义核心价值观，提倡爱祖国、爱人民、爱劳动、爱科学、爱社会主义的公德”。这一款相应修改为：“国家倡导社会主义核心价值观，提倡爱祖国、爱人民、爱劳动、爱科学、爱社会主义的公德，在人民中进行爱国主义、集体主义和国际主义、共产主义的教育，进行辩证唯物主义和历史唯物主义的教育，反对资本主义的、封建主义的和其他的腐朽思想。”

**第四十条** 宪法第二十七条增加一款，作为第三款：“国家工作人员就职时应当依照法律规定公开进行宪法宣誓。”

**第四十一条** 宪法第六十二条“全国人民代表大会行使下列职权”中增加一项，作为第七项“（七）选举国家监察委员会主任”，第七项至第十五项相应改为第八项至第十六项。

**第四十二条** 宪法第六十三条“全国人民代表大会有权罢免下列人员”中增加一项，作为第四项“（四）国家监察委员会主任”，第四项、第五项相应改为第五项、第六项。

**第四十三条** 宪法第六十五条第四款“全国人民代表大会常务委员会的

组成人员不得担任国家行政机关、审判机关和检察机关的职务。”修改为：“全国人民代表大会常务委员会的组成人员不得担任国家行政机关、监察机关、审判机关和检察机关的职务。”

**第四十四条** 宪法第六十七条“全国人民代表大会常务委员会行使下列职权”中第六项“（六）监督国务院、中央军事委员会、最高人民法院和最高人民检察院的工作”修改为“（六）监督国务院、中央军事委员会、国家监察委员会、最高人民法院和最高人民检察院的工作”；增加一项，作为第十一项“（十一）根据国家监察委员会主任的提请，任免国家监察委员会副主任、委员”，第十一项至第二十一项相应改为第十二项至第二十二项。

宪法第七十条第一款中“全国人民代表大会设立民族委员会、法律委员会、财政经济委员会、教育科学文化卫生委员会、外事委员会、华侨委员会和其他需要设立的专门委员会。”修改为：“全国人民代表大会设立民族委员会、宪法和法律委员会、财政经济委员会、教育科学文化卫生委员会、外事委员会、华侨委员会和其他需要设立的专门委员会。”

**第四十五条** 宪法第七十九条第三款“中华人民共和国主席、副主席每届任期同全国人民代表大会每届任期相同，连续任职不得超过两届。”修改为：“中华人民共和国主席、副主席每届任期同全国人民代表大会每届任期相同。”

**第四十六条** 宪法第八十九条“国务院行使下列职权”中第六项“（六）领导和管理经济工作和城乡建设”修改为“（六）领导和管理经济工作和城乡建设、生态文明建设”；第八项“（八）领导和管理民政、公安、司法行政和监察等工作”修改为“（八）领导和管理民政、公安、司法行政等工作”。

**第四十七条** 宪法第一百条增加一款，作为第二款：“设区的市的人民代表大会和它们的常务委员会，在不同宪法、法律、行政法规和本省、自治区的地方性法规相抵触的前提下，可以依照法律规定制定地方性法规，报本省、自治区人民代表大会常务委员会批准后施行。”

**第四十八条** 宪法第一百零一条第二款中“县级以上的地方各级人民代表大会选举并且有权罢免本级人民法院院长和本级人民检察院检察长。”修改为：“县级以上的地方各级人民代表大会选举并且有权罢免本级监察委员会主任、本级人民法院院长和本级人民检察院检察长。”

**第四十九条** 宪法第一百零三条第三款“县级以上的地方各级人民代表大会常务委员会的组成人员不得担任国家行政机关、审判机关和检察机关的职务。”修改为：“县级以上的地方各级人民代表大会常务委员会的组成人员不得担任国家行政机关、监察机关、审判机关和检察机关的职务。”

**第五十条** 宪法第一百零四条中“监督本级人民政府、人民法院和人民检察院的工作”修改为“监督本级人民政府、监察委员会、人民法院和人民检察院的工作”。这一条相应修改为：“县级以上的地方各级人民代表大会常务委员会讨论、决定本行政区域内各方面工作的重大事项；监督本级人民政府、监察委员会、人民法院和人民检察院的工作；撤销本级人民政府的不适当的决定和命令；撤销下一级人民代表大会的不适当的决议；依照法律规定的权限决定国家机关工作人员的任免；在本级人民代表大会闭会期间，罢免和补选上一级人民代表大会的个别代表。”

**第五十一条** 宪法第一百零七条第一款“县级以上地方各级人民政府依照法律规定的权限，管理本行政区域内的经济、教育、科学、文化、卫生、体育事业、城乡建设事业和财政、民政、公安、民族事务、司法行政、监察、计划生育等行政工作，发布决定和命令，任免、培训、考核和奖惩行政工作人员。”修改为：“县级以上地方各级人民政府依照法律规定的权限，管理本行政区域内的经济、教育、科学、文化、卫生、体育事业、城乡建设事业和财政、民政、公安、民族事务、司法行政、计划生育等行政工作，发布决定和命令，任免、培训、考核和奖惩行政工作人员。”

**第五十二条** 宪法第三章“国家机构”中增加一节，作为第七节“监察委员会”；增加五条，分别作为第一百二十三条至第一百二十七条。内容如下：

### 第七节　监察委员会

**第一百二十三条** 中华人民共和国各级监察委员会是国家的监察机关。

**第一百二十四条** 中华人民共和国设立国家监察委员会和地方各级监察委员会。

监察委员会由下列人员组成：

主任，

副主任若干人，

委员若干人。

监察委员会主任每届任期同本级人民代表大会每届任期相同。国家监察委员会主任连续任职不得超过两届。

监察委员会的组织和职权由法律规定。

**第一百二十五条** 中华人民共和国国家监察委员会是最高监察机关。

国家监察委员会领导地方各级监察委员会的工作，上级监察委员会领导下级监察委员会的工作。

**第一百二十六条** 国家监察委员会对全国人民代表大会和全国人民代表大会常务委员会负责。地方各级监察委员会对产生它的国家权力机关和上一级监察委员会负责。

**第一百二十七条** 监察委员会依照法律规定独立行使监察权，不受行政机关、社会团体和个人的干涉。

监察机关办理职务违法和职务犯罪案件，应当与审判机关、检察机关、执法部门互相配合，互相制约。

第七节相应改为第八节，第一百二十三条至第一百三十八条相应改为第一百二十八条至第一百四十三条。

# 《中华人民共和国监察法》知识问答

**1. 制定监察法的目的是什么？**

《监察法》第 1 条规定，为了深化国家监察体制改革，加强对所有行使公权力的公职人员的监督，实现国家监察全面覆盖，深入开展反腐败工作，推进国家治理体系和治理能力现代化，根据宪法，制定本法。按照此规定，监察法立法目的有以下几个。

（1）深化国家监察体制改革。这是以习近平同志为核心的党中央作出的重大决策部署，是事关全局的重大政治体制改革，涉及政治权力、政治体制、政治关系的重大调整，目的是加强党对反腐败工作的统一领导，构建集中统一、权威高效的监察体系。党的十九大对此作出战略部署，要求将改革试点工作在全国推开，组建国家、省、市、县监察委员会，制定监察法。出台监察法就是贯彻落实党中央的决策部署，使党的主张通过法定程序成为国家意志，以立法形式将实践证明是行之有效的做法和经验上升为法律，将改革的成果固定化、法治化。

（2）加强对所有行使公权力的公职人员的监督，实现国家监察全面覆盖。在我国，党是领导一切的，所有行使公权力的国家机关都属于“广义政府”范畴。在人民群众眼里，无论人大、政协，还是“一府两院”，都代表党和政府，都要践行全心全意为人民服务的根本宗旨。党的十八大以来，党内监督得到有效加强，强化了全面从严治党政治责任，监督对象覆盖了所有党员，这也为国家监察覆盖所有行使公权力的公职人员作了示范、打了基础。制定监察法，就是要贯彻落实上述改革精神，以法律的形式全面填补国家监督空白，实现国家监察对所有行使公权力的国家公职人员的监督全覆盖，将公务员及参照公务员法管理的人员，法律法规授权或者受国家机关依法委托管理公共事务的组织中从事公务的人员，国有企业管理人员，公办教育、科研、文化、医疗卫生、体育等单位中从事管理的人员，基层群众性自治组织中从事管理的人员以及其他依法履行公职的人员，统一纳入监察范围，由监察机关按照管理权限进行监察。原来检察机关只侦查职务犯罪行为，监察法规定监察机关既调查公职人员的职务违法行为，又调查职务犯罪行为。

（3）深入开展反腐败工作。各级监察委员会与同级纪律检查委员会合署办公，根据监察法的规定对行使公权力的公职人员进行监督、调查职务违法和职务犯罪、开展廉政建设和反腐败工作，有利于加强党对党风廉政建设和反腐败斗争的统一领导，形成工作合力，推进标本兼治，夺取反腐败斗争压倒性胜利，必将进一步增强人民群众对党的信心和信任，厚植党执政的政治基础。

（4）推进国家治理体系和治理能力现代化。不断提升治国理政水平是我们党全面领导、长期执政的题中之义。党和国家治理体系包括两个方面：一是依规治党，依据党章党规党纪管党治党建设党；二是依法治国，依据宪法法律法规治国理政。目前，党内监督已经实现全覆盖，而行政监察主要限于对行政机关及其工作人员的监督，覆盖面窄，二者不相匹配。实行国家监察是对公权力最直接、最有效的监督，监察全覆盖和监督的严肃性、实效性直接关乎党的执政能力和治国理政科学化水平。制定监察法，就是落实党中央关于监察体制改革的决策部署，通过制度设计补上行政监察范围过窄的短板，真正把所有公权力都关进制度笼子，体现依规治党与依法治国、党内监督与国家监察有机统一，探索出一条党长期执政条件下实现自我净化的有效路径，将制度优势转化为治理效能，推进治理体系和治理能力现代化，为人类社会贡献中国智慧和中国方案。

### 2. 监察法的立法依据是什么？

《监察法》第1条规定了依据宪法制定监察法，因此监察法的立法依据是宪法。宪法是国家的根本大法，具有最高的法律效力，制定法律、行政法规等都必须以宪法为依据。十三届全国人大一次会议审议通过的宪法修正案在“国家机构”一章中专门增写“监察委员会”一节，并在其他部分相应调整充实有关监察委员会的内容，确立了监察委员会作为国家机构的法律地位，为设立国家和地方各级监察委员会提供了根本法保障，为制定监察法提供了宪法依据。

### 3. 为什么要坚持党对国家监察工作的领导?

坚持中国共产党对国家监察工作的领导是《监察法》第2条的规定。党的十八大以来，以习近平同志为核心的党中央坚持以马克思列宁主义、毛泽东思想、邓小平理论、“三个代表”重要思想、科学发展观为指导，坚持解放思想、实事求是、与时俱进、求真务实，坚持辩证唯物主义和历史唯物主义，紧密结合新的时代条件和实践要求，以全新的视野深化对共产党执政规律、社会主义建设规律、人类社会发展规律的认识，进行艰辛理论探索，取得重大理论创新成果，创立了习近平新时代中国特色社会主义思想。习近平新时代中国特色社会主义思想最重要、最核心的内容就是党的十九大报告概括的“八个明确”，其中明确了中国特色社会主义最本质的特征是中国共产党领导，中国特色社会主义制度的最大优势是中国共产党领导，党是最高政治领导力量。围绕贯彻落实习近平新时代中国特色社会主义思想，党的十九大报告提出了新时代坚持和发展中国特色社会主义的基本方略，并概括为“十四个坚持”，第一个坚持就是要坚持党对一切工作的领导。十三届全国人大一次会议通过的宪法修正案明确把“中国共产党领导是中国特色社会主义最本质的特征”写入总纲，以国家根本法的形式对党的领导核心地位作进一步确认，这有利于在全体人民中强化党的领导意识，确保党和国家事业始终沿着正确方向前进。有党的领导才有中国强盛、民族复兴、人民幸福。习近平总书记旗帜鲜明地指出，我们最大的国情和党情是什么？就是中国共产党在中国是领导一切的，任何改革都必须有利于坚持和加强党的领导。深化国家监察体制改革的重要目的，就是加强党对反腐败工作的统一领导。党管干部不仅管干部的培养、提拔、使用，还要对干部进行教育、管理、监督，对违纪违法的作出处理。成立监察委员会作为专门的反腐败工作机构，与党的纪律检查机关合署办公，对所有行使公权力的党员干部、公职人员进行监督，对违纪的进行查处，对涉嫌违法犯罪的进行调查处置，这是坚持党管干部原则、加强党的领导的重要体现，是完善坚持党的全面领导体制机制的重要举措。党的十八大以来，正是在党的坚强领导下，反腐败斗争才形成压倒性态势并巩固发展。监察法把党对反腐败工作的集中统一领导机制固定下来，着力强化不敢腐的震慑，扎牢不能腐的笼子，增强不想腐的自觉，为夺取反腐败斗争压倒性胜利提供坚强法治保证。

**4. 监察工作为什么要以马克思列宁主义、毛泽东思想、邓小平理论、“三个代表”重要思想、科学发展观、习近平新时代中国特色社会主义思想为指导？**

党的十九大通过的党章修正案把习近平新时代中国特色社会主义思想确立为我们党的行动指南，实现了党的指导思想的又一次与时俱进。十三届全国人大一次会议通过的宪法修正案，明确将习近平新时代中国特色社会主义思想载入宪法。习近平新时代中国特色社会主义思想，是对马克思列宁主义、毛泽东思想、邓小平理论、“三个代表”重要思想、科学发展观的继承和发展，是马克思主义中国化最新成果，是党和人民实践经验和集体智慧的结晶，是中国特色社会主义理论体系的重要组成部分，是全党全国人民为实现中华民族伟大复兴而奋斗的行动指南，必须长期坚持并不断发展。习近平总书记在一系列重要讲话中，深刻阐释了深化国家监察体制改革的重大意义、根本目的、总体目标和主要任务，形成了科学完备的思想体系，是习近平新时代中国特色社会主义思想的重要组成部分，既是国家监察体制改革实践经验的重要总结，也是国家监察体制改革的重大理论创新，科学回答了为什么改、为谁改、怎么改等重大理论和实践问题，为深化国家监察体制改革提供了强大的思想理论武器和行动指南。各级监察委员会组建后，有序有效开展工作首要的就是要全面系统学习领会习近平总书记关于深化国家监察体制改革的重要论述，以习近平新时代中国特色社会主义思想为指导开展工作。

**5. 监察委员会的性质是什么？**

《监察法》第3条规定，各级监察委员会是行使国家监察职能的专责机关。根据党中央关于深化国家监察体制改革的部署，监察机关与党的纪律检查机关合署办公。纪律检查委员会是党内监督的专责机关，将监察委员会定位为行使国家监察职能的“专责机关”与纪律检查委员会的定位相匹配，从而实现党对国家监察工作的领导，是实现党和国家自我监督的政治机关，不是行政机关、司法机关。国家监察体制改革，是以法律为尺子，全面填补国家监督的空白。过去行政监察的对象主要是行政机关的工作人员，检察院主要是侦办国家工作人员职务犯罪，不管职务违法行为。改革后，监察委员会依法行使的监察权，不是行政监察、反贪反渎、预防腐败职能的简单叠加，而是在党直接领导下，代表党和国家对所有行使公权力的公职人员进行监督，既调查职务违法行为，又调查职务犯罪行为，依托纪检、拓展监察、衔接司法，实际上是新的拓展、新的开创，实现了“一加一大于二、等于三”，监督对象和内容多出了一块，有新内容，是新创举，与司法机关的职权、性质有着根本不同。

### 6. 监察委员会有哪些职能？

《监察法》第 3 条规定，各级监察委员会是行使国家监察职能的专责机关，依照本法对所有行使公权力的公职人员（以下称公职人员）进行监察，调查职务违法和职务犯罪，开展廉政建设和反腐败工作，维护宪法和法律的尊严。因此，监察委员会具有三项职能：①对所有行使公权力的公职人员进行监察；②调查职务违法和职务犯罪；③开展廉政建设和反腐败工作，维护宪法和法律的尊严。

### 7. 监察委员会如何行使监察权？

《监察法》第 4 条第 1 款规定，监察委员会依照法律规定独立行使监察权，不受行政机关、社会团体和个人的干涉。监察委员会依法独立行使监察权，依照法律规定是行使监察权的前提。监察委员会作为行使国家监察职能的专责机关，履行职责必须遵循社会主义法治原则的基本要求，必须严格依照法律进行活动，既不能滥用或者超越职权，违反规定的程序，也不能不担当、不作为，更不允许利用职权徇私枉法，放纵职务违法犯罪行为。不受行政机关、社会团体和个人的干涉，主要是指行政机关、社会团体和个人利用职权、地位，或者采取其他不正当手段干扰、影响监察人员依法行使职权的行为，如利用职权阻止监察人员开展案件调查，利用职权威胁、引诱他人不配合监察机关工作等。需要注意的是，强调监察机关依法独立行使监察权，绝不意味着监察机关可以不受任何约束和监督。监察机关在党的集中统一领导和监督下开展工作，要在本级人大及其常委会监督下开展工作，下级监察机关要接受上级监察机关的领导和监督，地方各级监察机关要接受国家监察委员会的领导和监督。此外，监察机关还应依法接受民主监督、社会监督、舆论监督等。

### 8. 监察机关在办理案件时与其他机关的关系是怎样的？

《监察法》第 4 条第 2 款规定，监察机关办理职务违法和职务犯罪案件，应当与审判机关、检察机关、执法部门互相配合，互相制约。

审判机关是指各级人民法院；检察机关是指各级人民检察院；执法部门是指公安机关、国家安全机关、审计机关以及质检部门、安全监管部门等行政执法部门。监察机关履行职责离不开这些机关的协助、配合，同时也需要这些机关的监督制约。在实际工作中，纪检监察机关不仅同审判机关、检察机关形成了互相配合、互相制约关系，同执法部门也形成了互相配合、互相制约的工作联系。监察法对此作出明确规定，是将客观存在的工作关系制度化、法律化，有利于监察权依法正确行使。互相配合，主要是指监察机关与司法机关、执法部门在办理职务违法犯罪案件方面，要按照法律规定，在正确履行各自职责的基础上，互相支持，不能违反法律规定，各行其是，互不通气，甚至互相扯皮。互相制约，主要是指监察机关与司法机关、执法部门在追究职务违法犯罪过程中，通过程序上的制约，防止和及时纠正错误，以保证案件质量，正确应用法律惩罚违法犯罪。

《监察法》第 4 条第 3 款规定，监察机关在工作中需要协助的，有关机关和单位应当根据监察机关的要求依法予以协助。

监察机关工作过程中，遇到超出监察机关职权范围或者其他紧急、特殊情况，需要公安、司法行政、审计、税务、海关、财政、工业信息化、价格等机关以及金融监督管理等机构予以协助的时候，有权要求其予以协助。只要是监察机关依法提出的协助要求，有关机关和单位应当在其职权范围内依法予以协助。例如，监察机关进行搜查时，可以根据工作需要提请公安机关配合，公安机关应当依法予以协助；监察机关采取留置措施，可以根据工作需要提请公安机关配合，公安机关应当依法予以协助。

### 9. 监察机关开展工作应遵守的原则是什么？

《监察法》第 5 条规定，国家监察工作严格遵照宪法和法律，以事实为根据，以法律为准绳；在适用法律上一律平等，保障当事人的合法权益；权责对等，严格监督；惩戒与教育相结合，宽严相济。

（1）严格遵照宪法和法律，以事实为根据，以法律为准绳。以事实为根据，是指公职人员是否违法犯罪，罪轻还是罪重，都要以事实为根据，对事实情况既不夸大，也不缩小，做到客观公正。以法律为准绳，是指监察机关开展监察工作，包括案件线索处置、初核、立案、调查、作出处置决定等都要以监察法等法律法规为标准。以事实为根据，以法律为准绳，是正确开展监察工作不可分割的两个方面。事实是前提，是基础和根据，法律是标准、尺度，二者相互联系，缺一不可。

（2）在适用法律上一律平等，保障当事人的合法权益。在适用法律上一律平等，是指监察机关对所有监察对象，不论民族、职业、出身、性别、教育程度都应一律平等地适用法律，不允许有任何特权。保障当事人的合法权益，是指严格遵循相关法律规定，不得违法侵犯公民、法人和其他组织的合法权益。

（3）权责对等，严格监督。此项规定体现了党的十八大以来管党治党的做法和经验——行使权力和责任担当相统一的思想，即有多大的权力就要承担多大的责任，权力就是责任，有权必有责，有责要担当，不担当要问责，也体现严管就是厚爱，信任不能代替监督。

（4）惩戒与教育相结合，宽严相济。惩前毖后、治病救人，是我党的一贯方针，只有坚持这一方针，才能达到既严明法纪又团结同志的目的。惩戒与教育相结合，宽严相济原则体现了党的十八大以来监督执纪“四种形态”的思想和理念，同时也是从当前反腐败斗争形势依然严峻复杂的实际出发而作出的规定。监察委员会的监督和纪律检查委员会的监督在指导思想、基本原则上是高度一致的，咬耳扯袖、红脸出汗，做思想政治工作的目的都是惩前毖后、治病救人，抓早抓小、动辄则咎，防止党员干部和公职人员要么是“好同志”，要么是“阶下囚”。

## 10. 监察工作的方针有哪些？

《监察法》第6条规定，国家监察工作坚持标本兼治、综合治理，强化监督问责，严厉惩治腐败；深化改革、健全法治，有效制约和监督权力；加强法治教育和道德教育，弘扬中华优秀传统文化，构建不敢腐、不能腐、不想腐的长效机制。

（1）坚持标本兼治、综合治理，强化监督问责，严厉惩治腐败。这主要讲的是“不敢腐”的问题，体现了党的十九大报告坚持“无禁区、全覆盖、零容忍，坚持重遏制、强高压、长震慑”的要求。党的十八大以来，坚持反腐败无禁区、全覆盖、零容忍，坚定不移“打虎”“拍蝇”“猎狐”，反腐败斗争压倒性态势已经形成并巩固发展。只有以反腐败永远在路上的坚韧和执着，深化标本兼治，保证干部清正、政府清廉、政治清明，才能确保党和国家长治久安。

（2）深化改革、健全法治，有效制约和监督权力。这主要讲的是“不能腐”的问题，体现了党的十九大报告提出的“要加强对权力运行的制约和监督，让人民监督权力，让权力在阳光下运行，把权力关进制度的笼子”。解决不能腐的问题，不仅是国家监察体制改革和监察法的任务，也同样包括其他各项深化改革任务和法律制定、修订工作。从监察法的规定可见反腐败不仅是重要任务，也不是仅靠某一个机关就能完成的任务，必须动员各方面广泛参与，群策群力，建立起规范权力运行的制度机制。因此，必须按照党中央决策部署，全面深化各项改革举措，真正构筑起不能腐的堤坝，让权力得到约束。同时，及时通过立法把行之有效的改革举措以法律的形式固化下来，形成监督合力，增强监督实效，确保党和人民赋予的权力真正用来为人民谋利益。

（3）加强法治教育和道德教育，弘扬中华优秀传统文化。这主要讲的是“不想腐”的问题。法律是准绳，任何时候都必须遵循；道德是基石，任何时候都不可忽视。习近平总书记强调，把法治中国建设好，必须坚持依法治国和以德治国相结合，使法治和德治在国家治理中相互补充、相互促进、相得益彰，推进国家治理体系和治理能力现代化。法律是成文的道德，道德是内心的法律。法律和道德都有规范社会行为、调节社会关系、维护社会秩序的作用，在国家治理中都有其地位和功能。习近平总书记还指出，要既讲法治又讲德治，重视发挥道德教化作用，把法律和道德的力量、法治和德治的功能紧密结合起来，把自律和他律紧密结合起来，引导全社会积极培育和践行社会主义核心价值观，树立良好道德风尚，防止封建腐朽道德文化沉渣泛起。习近平总书记强调，领导干部要讲政德。政德是整个社会道德建设的风向标。立政德就是要明大德、守公德、严私德。明大德，就是要铸牢理想信念、锤炼坚强党性，在大是大非面前旗帜鲜明，在风浪考验面前无所畏惧，在各种诱惑面前立场坚定。守公德，就是要强化宗旨意识，全心全意为人民服务，恪守立党为公、执政为民理念，自觉践行人民对美好生活的向往就是我们的奋斗目标的承诺，做到心底无私天地宽。严私德，就是要严格约束自己的操守和行为。监察法明确将加强法治教育和道德教育，弘扬中华优秀传统文化作为监察工作方针，就是落实党中央的决策部署，从中华民族历史文化中汲取智慧，从实际出发实现监察工作理念思路、体制机制、方式方法的与时俱进。

**11. 监察机关如何设置？**

监察法规定，中华人民共和国国家监察委员会是最高监察机关。省、自治区、直辖市、自治州、县、自治县、市、市辖区设立监察委员会。2018年的宪法修改明确，在我国四级监察机构中国家监察委员会是中央一级的监察机关，作为最高监察机关，在我国监察体系中居于最高地位。国家监察委员会的最高地位主要体现在：①国家监察委员会的组成人员由全国人民代表大会及其常务委员会选举或者任命产生。其中，国家监察委员会主任由全国人民代表大会选举产生，其他组成人员由主任提名，全国人大常委会任免。②国家监察委员会负责全国监察工作，领导地方各级监察委员会的工作。③国家监察委员会有权办理各级监察机关管辖范围内的监察事项。地方各级监察委员会的机构的设置是，地方设省级监察委员会、市（地）级监察委员会、县级监察委员会，乡镇不设监察委员会，但将来监察委员会可以在乡镇设派驻机构，《监察法》第12条对此作了规定。

**12. 监察机关如何产生？**

根据监察法的规定，国家监察委员会由全国人民代表大会产生，负责全国监察工作。地方各级监察委员会由本级人民代表大会产生，负责本行政区域内的监察工作。由人民代表大会产生国家监察机关，对人大负责、受人大监督，贯彻了人民代表大会这一根本政治制度，体现了人民当家做主的要求，有利于强化人大作为国家权力机关的监督职能，拓宽人民监督权力的途径，更好地体现党的领导、人民当家做主和依法治国有机统一。同时，规定国家监察委员会负责全国监察工作，明确了其作为最高监察机关，统一领导地方各级监察机关工作的地位。

### 13. 监察法对监察机关的上下级关系是如何规定的？

《监察法》第10条规定，国家监察委员会领导地方各级监察委员会的工作，上级监察委员会领导下级监察委员会的工作。包含两个方面：一是国家监察委员会领导地方各级监察委员会的工作。国家监察委员会在全国监察体系中处于最高地位，主管全国的监察工作，率领并引导所属各内设机构及地方各级监察委员会的工作，一切监察机关都必须服从它的领导。二是上级监察委员会领导下级监察委员会的工作。地方各级监察委员会负责本行政区域内的监察工作，除了依法履行自身的监督、调查、处置职责外，还应对本行政区域内下级监察委员会的工作实行监督和业务领导。按照党的十八届三中全会通过的《中共中央关于全面深化改革若干重大问题的决定》精神，地方监察委员会查办职务违法犯罪案件以上级监察委员会领导为主，线索处置和案件查办在向同级党委报告的同时必须向上级纪律检查委员会、监察委员会报告。在监察法中规定上级监察委员会领导下级监察委员会的工作，一方面有利于加强对下级监察委员会履行监察职责情况的监督，上级监察委员会可以通过检查工作、受理复核申请等方式，对发现的问题予以纠正，监督下级监察委员会严格依法办事，公正履职；另一方面当下级监察委员会遇到阻力时，上级监察委员会可以支持其依法行使职权，帮助其排除各种干扰。

### 14. 监察法对监察委员会的职责是如何规定的？

《监察法》第11条规定，监察委员会依照本法和有关法律规定履行监督、调查、处置职责：①对公职人员开展廉政教育，对其依法履职、秉公用权、廉洁从政从业以及道德操守情况进行监督检查；②对涉嫌贪污贿赂、滥用职权、玩忽职守、权力寻租、利益输送、徇私舞弊以及浪费国家资财等职务违法和职务犯罪进行调查；③对违法的公职人员依法作出政务处分决定；对履行职责不力、失职失责的领导人员进行问责；对涉嫌职务犯罪的，将调查结果移送人民检察院依法审查、提起公诉；向监察对象所在单位提出监察建议。

该条规定了监察委员会监督、调查、处置三项职责：一是监督职责。监督是监察委员会的首要职责。监察委员会代表党和国家，依照宪法、监察法和有关法律法规，监督所有公职人员行使公权力的行为是否正确，确保权力不被滥用、确保权力在阳光下运行，把权力关进制度的笼子。监督的对象是，对公职人员开展廉政教育，对其依法履职、秉公用权、廉洁从政从业以及道德操守情况进行监督检查。二是调查职责。调查公职人员涉嫌职务违法和职务犯罪，是监察委员会的一项经常性工作。它是监察委员会开展廉政建设和反腐败工作，维护宪法和法律尊严的一项重要措施。对公职人员涉嫌职务违法和职务犯罪的调查，突出地体现了监察委员会作为国家反腐败工作机构的定位，体现了监察工作的特色，这项工作做好了，能有效地强化不敢腐的震慑，减少和遏制腐败行为的发生，维护宪法和法律尊严，保持公权力行使的廉洁性。调查的对象是，对涉嫌贪污贿赂、滥用职权、玩忽职守、权力寻租、利益输送、徇私舞弊以及浪费国家资财等职务违法和职务犯罪。三是处置职责。主要包括四个方面内容：①对违法的公职人员依法作出政务处分决定；②对履行职责不力、失职失责的领导人员进行问责；③对涉嫌职务犯罪的，将调查结果移送人民检察院依法审查、提起公诉；④对监察对象所在单位提出监察建议。

### 15. 监察法对监察委员会的派驻或派出机构是如何规定的？

《监察法》第 12 条第 1 款规定，各级监察委员会可以向本级中国共产党机关、国家机关、法律法规授权或者委托管理公共事务的组织和单位以及所管辖的行政区域、国有企业等派驻或者派出监察机构、监察专员。国家机关主要是指行使国家权力、管理国家事务的机关，包括国家权力机关、国家行政机关、审判机关、检察机关等。行政区域主要是指街道、乡镇以及不设置人民代表大会的地区、盟等区域。县级监察委员会向所管辖的街道、乡镇派出监察机构、监察专员，可以每个街道、乡镇单独派出，也可以几个街道、乡镇归口派出。派驻或者派出的组织形式，具体包括监察机构或者监察专员。监察委员会是设置派驻、派出监察机构还是监察专员，应遵循实际需要，根据监察对象的多少、任务轻重而定。

《监察法》第 12 条第 2 款规定，监察机构、监察专员对派驻或者派出它的监察委员会负责。监察机构、监察专员对派驻或者派出它的监察机关负责，不受驻在部门的领导，具有开展工作的独立地位，在很大程度上保证监察机关能够通过派驻或者派出的监察机构、监察专员，经常、及时、准确地了解分散在不同机关、组织和单位等的监察对象情况。

### 16. 派驻或者派出的监察机构、监察专员有哪些职责?

根据监察法的规定，派驻或者派出监察机构、监察专员的职责主要包括两个方面内容：一是根据授权进行监督，提出监察建议。派驻或者派出的监察机构、监察专员的设置、具体职责和可以行使的权限，包括监督对象有哪些人员、具体履行什么样的监督职责等，由相关法律文件作出明确授权，其根据授权开展相关工作。监督的内容，主要是公职人员依法履职、秉公用权、廉洁从政从业以及道德操守情况。派驻监察机构、监察专员根据监督结果，对驻在单位廉政建设和履行职责存在的问题等提出监察建议。二是根据授权依法进行调查、处置。派驻或者派出的监察机构、监察专员可以根据授权，对有关公职人员涉嫌贪污贿赂、滥用职权、玩忽职守、权力寻租、利益输送、徇私舞弊以及浪费国家资财等职务违法进行调查，根据调查结果，对违法的公职人员依照法定程序作出警告、记过、记大过、降级、撤职、开除等政务处分决定。

### 17. 监察法对监察官制度是如何规定的?

《监察法》第 14 条规定，国家实行监察官制度，依法确定监察官的等级设置、任免、考评和晋升等制度。建立监察官制度，是党中央在改革大局中明确的一项政治任务，是构建具有中国特色的国家监察体系的重要举措。包括以下两个方面：一是明确规定国家实行监察官制度。依据监察法的基本规定，立足中国历史文化传统，在吸收国（境）外有益经验的基础上，立足国情，形成具有中国特色的监察官制度体系，对监察官履职的政治、道德、廉洁等要求作出明确规定，实现权力、责任、义务、担当相统一，以更高的标准、更严的要求，依法履职尽责。二是为确定监察官的等级设置、任免、考评和晋升等具体制度赋予法律依据。要求创制具有中国特色的监察官称谓和等级，监察官等级既要层次合理，又要力求扁平化，体现精简、高效的队伍建设方针。在监察官任免、考评和晋升等制度设计上，要科学设立上下进退机制。监察官门槛要高、退出机制要强，尤其是要细化规定违法违规监察官降低衔级、处分等条件，把重音落在从严建设队伍上。对于监察官的工资待遇，要坚持权责对等原则，突出责任和担当。

## 18. 监察法对监察对象范围是如何规定的？

《监察法》第 15 条规定，监察机关对下列公职人员和有关人员进行监察：①中国共产党机关、人民代表大会及其常务委员会机关、人民政府、监察委员会、人民法院、人民检察院、中国人民政治协商会议各级委员会机关、民主党派机关和工商业联合会机关的公务员，以及参照《中华人民共和国公务员法》管理的人员；②法律法规授权或者受国家机关依法委托管理公共事务的组织中从事公务的人员；③国有企业管理人员；④公办的教育、科研、文化、医疗卫生、体育等单位中从事管理的人员；⑤基层群众性自治组织中从事管理的人员；⑥其他依法履行公职的人员。

## 19. 监察法对监察管辖是如何规定的？

监察机关各司其职、各尽其责的前提是责任清晰。对监察机关的管辖范围作明确规定，既可以有效避免争执或推诿，又有利于有关单位和个人按照监察机关的管辖范围提供问题线索，充分发挥人民群众反腐败的积极性。《监察法》第 16 条和第 17 条对监察管辖作了规定，包括以下方面。

（1）监察机关对监察事项的一般管辖原则。《监察法》第 16 条第 1 款规定，各级监察机关按照管理权限管辖本辖区内本法第 15 条规定的人员所涉监察事项。即监察委员会实行的是级别管辖与地域管辖相结合的原则，各级监察委员会按照干部管理权限对本辖区内的监察对象依法进行监察。该条中“按照管理权限”指的是按照干部管理权限，例如，国家监察委员会管辖中管干部所涉监察事项，省级监察委员会管辖本省省管干部所涉监察事项等。对于《监察法》第 15 条第 5 项规定的“基层群众性自治组织中从事管理的人员”，其所涉监察事项由其所在的县级监察委员会管辖，县级监察委员会向其所在街道、乡镇派出监察机构、监察专员的，派出的监察机构、监察专员可以直接管辖。

（2）提级管辖。《监察法》第 16 条第 2 款规定，上级监察机关可以办理下一级监察机关管辖范围内的监察事项，必要时也可以办理所辖各级监察机关管辖范围内的监察事项。提级管辖是对分级管辖制度的必要补充，便于处理一些难度较大的监察事项。上级监察机关首先要按照一般管辖的分工，管好自己管辖范围内的监察事项，如果按规定应由下级监察机关管辖的事项，上级监察机关也都去办理，管得过多，不仅管不过来，也不可能管好，不利于发挥下级监察机关工作的主动性和积极性，影响监察工作有序、正常开展。

（3）管辖争议的解决方式。《监察法》第 16 条第 3 款规定，监察机关之间对监察事项的管辖有争议的，由其共同的上级监察机关确定。管辖争议，是指对于同一监察事项，有两个或者两个以上监察机关都认为自己具有或者不具有管辖权而发生的争议。两个或者两个以上监察机关发生管辖争议之后，应报请它们的共同上级监察机关，由该上级监察机关确定由哪一个监察机关管辖。共同的上级监察机关，是指同发生管辖争议的两个或者两个以上监察机关均有领导与被领导关系的上级监察机关。这一规定的基础是隶属关系，例如，同一省的两个地市监察委员会的共同上级监察机关，是该省监察委员会；两个县级监察委员会，如分属同一省内的两个不同地市，其共同的上级监察机关还是该省监察委员会。

（4）指定管辖原则。《监察法》第 17 条第 1 款规定，上级监察机关可以将其所管辖的监察事项指定下级监察机关管辖，也可以将下级监察机关有管辖权的监察事项指定给其他监察机关管辖。指定管辖，是指根据上级监察机关的指定而确定监察事项的管辖机关。规定指定管辖，体现了上级监察机关对下级监察机关的领导，同时也能够增强工作灵活性。一方面，对于原本属于自己所管辖的监察事项，上级监察机关可以将其指定给所辖的下级监察机关管辖；另一方面，上级监察机关可以将下级监察机关有管辖权的监察事项指定给自己所辖的其他监察机关管辖。

（5）报请提级管辖原则。《监察法》第 17 条第 2 款规定，监察机关认为所管辖的监察事项重大、复杂，需要由上级监察机关管辖的，可以报请上级监察机关管辖。报请提级管辖，是指监察机关因法定事由可以报请上级监察机关管辖原本属于自己管辖的监察事项。监察机关应当按照一般管辖的分工，尽全力管好自己管辖范围内的监察事项。但是，当监察机关考虑到所在地方的实际情况，以及本机关的地位、能力，认为所管辖的监察事项实属重大、复杂，而尽自己力量不能或者不适宜管辖的，可以报请上级监察机关管辖。

## 20. 监察法对监察机关收集证据的一般原则是如何规定的?

监察法从原则上规定了监察机关依法行使监督、调查职权，明确有关单位和个人有如实提供证据的义务。《监察法》第18条规定，监察机关行使监督、调查职权，有权依法向有关单位和个人了解情况，收集、调取证据。有关单位和个人应当如实提供。监察机关及其工作人员对监督、调查过程中知悉的国家秘密、商业秘密、个人隐私，应当保密。任何单位和个人不得伪造、隐匿或者毁灭证据。这里的证据，是指以法律规定形式表现出来的，能够证明监察机关所调查事项的真实情况的一切事实。证据具有客观性、关联性和合法性三个基本属性，它是监察机关调查工作的基础和核心。证据的种类包括物证、书证、证人证言、被调查人供述和辩解、鉴定意见、勘验检查笔录、视听资料、电子数据等。国家秘密，是指关系国家安全和利益，依照法定程序确定，在一定时间内只限一定范围人员知悉的事项；商业秘密，是指不为公众所知悉，能为权利人带来经济利益，具有实用性并经权利人采取保密措施的技术信息和经营信息；个人隐私，是指个人生活中不愿公开或者不愿为他人知悉的秘密。保密法、刑法、民法总则、侵权责任法等法律对国家秘密、商业秘密、个人隐私的保护作了规定。

## 21. 监察法对监察机关运用谈话措施对监察对象进行处理是如何规定的?

《监察法》第19条规定，对可能发生职务违法的监察对象，监察机关按照管理权限，可以直接或者委托有关机关、人员进行谈话或者要求说明情况。此项规定的主要目的是使监察工作与党内监督执纪“四种形态”的第一种形态相匹配，使谈话成为一种法律手段。包括以下两个方面：一是谈话的对象和要件。谈话的对象是监察对象，要件是其可能发生职务违法，这主要是指监察对象有相关问题线索反映，或者有职务违法方面的苗头性、倾向性问题等。二是谈话的主体和方式。监察机关按照管理权限进行谈话或者要求说明情况，要按程序报批。谈话由监察机关相关负责人或者承办部门主要负责人进行的，可以由被谈话人所在机关、组织、企业等单位党委（党组）或者纪律检查委员会（纪检组）主要负责人陪同。委托有关机关、人员，是指委托被谈话人所在机关、组织、企业等单位党委（党组）主要负责人。

## 22. 监察法对监察机关要求被调查人陈述和讯问被调查人的权限是如何规定的?

《监察法》第20条第1款规定，在调查过程中，对涉嫌职务违法的被调查人，监察机关可以要求其就涉嫌违法行为作出陈述，必要时向被调查人出具书面通知。此项规定针对的是发生职务违法行为，但尚不构成职务犯罪的公职人员。为了保障这项措施的实施，防止有的被调查人不配合，该条规定监察机关对被要求陈述的被调查人，在必要时可以出具书面通知。书面通知是具有法律效力的文书，主要是针对被调查人不按照监察机关口头要求进行陈述时，由监察机关对其出具书面通知，要求其作出陈述。如果被调查人此时再不按照要求作出陈述的，则应当追究其法律责任。

《监察法》第20条第2款规定，对涉嫌贪污贿赂、失职渎职等职务犯罪的被调查人，监察机关可以进行讯问，要求其如实供述涉嫌犯罪的情况。讯问，是指通过监察机关工作人员提问、被调查人回答的方式，取得印证被调查人有关职务违法犯罪事实的口供及其他证据的过程。监察机关是我国有权对涉嫌贪污贿赂、失职渎职等职务犯罪行使调查权的机关。讯问这些涉嫌职务犯罪的被调查人是调查活动中的重要权限之一，讯问笔录也是作出处置、审查起诉和刑事审判的重要证据。调查中的讯问权只能由监察机关工作人员依法行使，不能委托给其他机关、个人行使。讯问活动要符合监察法及其他法律法规关于具体程序、要求等的规定。

## 23. 监察法对监察机关运用询问措施调查案件是如何规定的?

《监察法》第21条规定，在调查过程中，监察机关可以询问证人等人员。询问措施来源于纪检监察机关多年实践中运用的执纪审查手段。监察机关肩负着调查职务违法和职务犯罪的职责，为了履行好这一职责，监察法将询问措施确定为监察机关的调查权限。采取询问措施的对象是证人等。证人，是指知道监察机关所调查案件真相的当事人以外的第三人。凡是知道案件情况的人，都有作证的义务。生理上、精神上有缺陷或者年幼，不能辨别是非、不能正确表达的人，不能作证人。监察机关调查人员询问证人，可以到证人所在单位、住处或者证人提出的地点进行，在必要的时候，可以通知证人到监察机关提供证言。询问证人应当个别进行。询问证人，应当告知他应当如实地提供证据、证言和有意作伪证或者隐匿罪证要负的法律责任。询问活动要符合监察法及其他法律法规关于具体程序、要求等的规定。

### 24. 监察法对检察机关采取留置措施是如何规定的?

留置，是指监察机关调查涉嫌贪污贿赂、失职渎职等严重职务违法或者职务犯罪时，已经掌握被调查人部分违法犯罪事实及证据，仍有重要问题需要进一步调查，并且具备法定情形，经依法审批后，将被调查人带至并留在特定场所，使其就案件所涉及的问题配合调查而采取的一项案件调查措施。

《监察法》第22条第1款规定，被调查人涉嫌贪污贿赂、失职渎职等严重职务违法或者职务犯罪，监察机关已经掌握其部分违法犯罪事实及证据，仍有重要问题需要进一步调查，并有下列情形之一的，经监察机关依法审批，可以将其留置在特定场所：①涉及案情重大、复杂的；②可能逃跑、自杀的；③可能串供或者伪造、隐匿、毁灭证据的；④可能有其他妨碍调查行为的。这里规定的留置主要包括三个要件：一是涉案要件。留置的涉案要件，是被调查人涉嫌贪污贿赂、失职渎职等严重职务违法或者职务犯罪，其他的职务犯罪行为或者违法犯罪行为、轻微的一般不采取留置措施。二是证据要件。留置的证据要件，是监察机关已经掌握部分违法犯罪事实及证据，且仍有重要问题需要进一步调查。三是具备下列法定的情形之一：①涉及案情重大、复杂的；②可能逃跑、自杀的；③可能串供或者伪造、隐匿、毁灭证据的；④可能有其他妨碍调查行为的。留置的上述三个要件相互联系、缺一不可，必须严格掌握，只有同时具备这三个要件，才能对被调查人实施留置。

《监察法》第22条第2款规定，对涉嫌行贿犯罪或者共同职务犯罪的涉案人员，监察机关可以依照前款规定采取留置措施。这里是对其他留置对象的规定，即对于有上述法定情形且涉嫌行贿犯罪或者共同职务犯罪的涉案人员，如果不将其留置，将严重影响监察机关对违法犯罪事实的进一步调查，有可能造成事实调查不清、证据收集不足，使腐败分子逃脱法律的惩治，影响调查工作的客观性、公正性，给党和国家的廉政建设和反腐败工作造成损害的，监察机关可以依照前款规定采取留置措施。

《监察法》第22条第3款规定，留置场所的设置、管理和监督依照国家有关规定执行。这是对留置场所设置、管理和监督的规定。留置是十分重要的调查措施，留置场所的设置、管理和监督要有一套严密、细致的制度来加以规范。

## 25. 监察法对监察机关运用查询、冻结措施调查案件是如何规定的？

《监察法》第 23 条规定，监察机关调查涉嫌贪污贿赂、失职渎职等严重职务违法或者职务犯罪，根据工作需要，可以依照规定查询、冻结涉案单位和个人的存款、汇款、债券、股票、基金份额等财产。有关单位和个人应当配合。冻结的财产经查明与案件无关的，应当在查明后 3 日内解除冻结，予以退还。此条规定主要目的是收集、保全财产性证据，防止证据流失或者被隐匿，确保在后续工作中对违法犯罪所得予以没收、追缴、返还、责令退赔。

## 26. 监察法对监察机关运用搜查措施调查案件是如何规定的？

《监察法》第 24 条第 1 款规定，监察机关可以对涉嫌职务犯罪的被调查人以及可能隐藏被调查人或者犯罪证据的人的身体、物品、住处和其他有关地方进行搜查。在搜查时，应当出示搜查证，并有被搜查人或者其家属等见证人在场。即搜查的适用情形是调查职务犯罪案件。搜查的目的，是收集犯罪证据、查获涉嫌职务犯罪的被调查人。搜查的范围主要包括：涉嫌职务犯罪的被调查人的身体、物品和住处；可能隐藏被调查人或者犯罪证据的人的身体、物品、住处；以及其他被调查人可能藏身或者隐匿犯罪证据的地方。搜查时，应当出示搜查证，调查人员不得少于 2 人，应当有被搜查人或者其亲属等见证人在场，并对全过程进行录音录像，留存备查。搜查情况应当现场制作笔录，由调查人员和被搜查人或被搜查人亲属、其他见证人签名或者盖章。被搜查人在逃，其亲属拒不到场，或者拒绝签名、盖章的，应当在笔录中注明。调查人员应当依法开展搜查，不得无故损坏搜查现场的物品，不得擅自扩大搜查对象和范围。

《监察法》第 24 条第 2 款规定，搜查女性身体，应当由女性工作人员进行。这是对女性的特殊保护，防止在搜查时出现人身侮辱等违法行为，确保被搜查女性的人格尊严和人身安全不受侵犯。

《监察法》第 24 条第 3 款规定，监察机关进行搜查时，可以根据工作需要提请公安机关配合。公安机关应当依法予以协助。根据搜查工作需要，监察机关可以商请公安机关或者有关单位协助进行，公安机关应当依法配合协助。

### 27. 监察法对监察机关运用调取、查封、扣押措施调查案件是如何规定的？

调取、查封、扣押是监察机关调查职务违法犯罪案件时收集、固定证据的一项重要措施。监察机关在调查过程中，发现的被调查人涉嫌职务违法或职务犯罪的财物、文件和电子数据等信息，需要及时、全面、准确地收集、固定，防止涉嫌违法犯罪的单位或者人员藏匿、毁灭证据，以便及时有效地查清案件。同时，对范围、程序和保管及解除查封、扣押的要求作出规范，有利于确保监察机关正确行使调取、查封、扣押的监察权限，保护公民合法权益。因此，监察法规定，监察机关在调查过程中，可以调取、查封、扣押用以证明被调查人涉嫌违法犯罪的财物、文件和电子数据等信息。采取调取、查封、扣押措施，应当收集原物原件，会同持有人或者保管人、见证人，当面逐一拍照、登记、编号，开列清单，由在场人员当场核对、签名，并将清单副本交财物、文件的持有人或者保管人。对调取、查封、扣押的财物、文件，监察机关应当设立专用账户、专门场所，确定专门人员妥善保管，严格履行交接、调取手续，定期对账核实，不得毁损或者用于其他目的。对价值不明物品应当及时鉴定，专门封存保管。查封、扣押的财物、文件经查明与案件无关的，应当在查明后3日内解除查封、扣押，予以退还。

这里对调取、查封、扣押的程序要求主要有：①采取调取、查封、扣押措施的，必须经监察机关相关负责人审批，并开具文书。②应由2名以上调查人员持工作证件和文书，并有持有人或者保管人、见证人在场。③应当收集原物原件。查封、扣押不动产、车辆、船舶等财物，可以扣押其权利证书，经拍照或者录像后原地封存。对书证、视听资料、电子数据，应当调取原件。取得原件确有困难的，可以调取副本或者复制件，但原件也要采用一定方式加以固定。④在仔细查点的基础上，当面逐一拍照、登记、编号，开列清单，由在场人员当场核对、签字。清单不得涂改，凡是必须更正的，须共同签名或盖章，或者重新开列清单。清单副本交财物、文件的持有人或者占有人。

**28. 监察法对监察机关运用勘验检查措施调查案件是如何规定的?**

《监察法》第26条规定，监察机关在调查过程中，可以直接或者指派、聘请具有专门知识、资格的人员在调查人员主持下进行勘验检查。勘验检查情况应当制作笔录，由参加勘验检查的人员和见证人签名或者盖章。其目的是运用一定科学方法和专门知识，准确、快速地查明案情，保证勘验检查过程客观、公正，确保结论的准确性。包括：①采取勘验检查措施，必须经监察机关相关负责人审批。②监察机关实施勘验检查的对象是与职务违法犯罪行为有关的场所、物品、人身等，具体措施包括：现场勘验，物证、书证检验，人身检查等。③调查人员是勘验检查的实施主体，可以由监察机关工作人员直接进行，并邀请见证人在场。④调查人员和其他参加人员应当将勘验检查的情况，制作勘验检查笔录，主要包括勘验检查的时间、地点、对象、目的、经过和结果等。勘验检查笔录由参加勘验检查的人和见证人签名或盖章。

**29. 监察法对监察机关运用鉴定措施对案件中的专门性问题进行调查是如何规定的?**

《监察法》第27条规定，监察机关在调查过程中，对于案件中的专门性问题，可以指派、聘请有专门知识的人进行鉴定。鉴定人进行鉴定后，应当出具鉴定意见，并且签名。监察机关采取鉴定措施，应经监察机关相关负责人审批，制作委托鉴定文书。专门性问题，主要是指监察机关在调查过程中遇到的必须运用专门的知识和经验作出科学判断的问题，一般包括：①法医类鉴定，包括法医病理鉴定、法医临床鉴定、法医精神病鉴定、法医物证鉴定和法医毒物鉴定；②物证类鉴定，包括文书鉴定、痕迹鉴定；③声像资料鉴定，包括对录音带、录像带、磁盘、光盘、图片等载体上记录的声音、图像信息的真实性、完整性及其所反映的情况过程进行的鉴定和对记录的声音、图像中的语言、人体、物体作出种类或者同一认定。此外，有的案件还需进行会计鉴定，包括对账目、表册、单据、发票、支票等书面材料进行鉴别判断；技术问题鉴定，包括对涉及工业、交通、建筑等方面的科学技术进行鉴别判断等。监察机关指派、聘请的鉴定人，须具备法律法规规定的条件，可以是公安机关等侦查机关的刑事技术人员或其他专职人员，也可以是其他具有专门知识的鉴定人。鉴定人在运用科学技术或专门知识进行鉴别、判断后，应当出具鉴定意见。鉴定意见是证据之一，经审查核实后，即可作为定案依据。鉴定意见应当由鉴定人签名，以确定相应的责任。

**30. 监察法对监察机关运用技术调查措施调查案件是如何规定的?**

监察法对监察机关行使技术调查权以及采取技术调查措施的程序和要求，有利于有力打击重大贪污贿赂等职务犯罪，也有利于保护被调查人的合法权利。

《监察法》第28条第1款规定，监察机关调查涉嫌重大贪污贿赂等职务犯罪，根据需要，经过严格的批准手续，可以采取技术调查措施，按照规定交有关机关执行。包括以下方面：一是监察机关可以采取技术调查措施的案件范围是涉嫌重大贪污贿赂等职务犯罪案件。二是监察机关对上述案件是否采取技术调查措施要“根据需要”，即监察机关并非办理上述犯罪案件，都采取技术调查措施，而是要采取审慎的原则，根据调查犯罪的实际需要。三是要经过严格的批准手续。在批准与否上一定要认真审查、严格把关。四是本款规定的案件采取技术调查措施，要按照规定交公安机关执行，监察机关不能自己执行。

《监察法》第28条第2款规定，批准决定应当明确采取技术调查措施的种类和适用对象，自签发之日起3个月以内有效；对于复杂、疑难案件，期限届满仍有必要继续采取技术调查措施的，经过批准，有效期可以延长，每次不得超过3个月。对于不需要继续采取技术调查措施的，应当及时解除。这是对技术调查批准决定的内容、延长及解除的规定，主要包括以下方面：一是要根据调查犯罪的需要，在批准决定中明确采取技术调查措施的种类和适用对象。二是采取技术调查措施的期限为3个月，自批准决定签发之日起算。对于复杂、疑难案件期满后，经过批准，可以延长，但每次延长不得超过3个月。三是虽然采取技术调查措施的批准决定是3个月内有效，但在3个月有效期内，对于不需要继续采取技术调查措施的，应当及时解除，这是对公民、组织权利的保护。

**31. 监察法对监察机关运用通缉措施追捕潜逃的被调查人是如何规定的?**

《监察法》第29条规定，依法应当留置的被调查人如果在逃，监察机关可以决定在本行政区域内通缉，由公安机关发布通缉令，追捕归案。通缉范围超出本行政区域的，应当报请有权决定的上级监察机关决定。此条规定的目的是抓获在逃被调查人，使案件调查顺利进行。包括以下方面：一是监察机关决定通缉的对象需具备的三个条件：①被通缉的人必须是涉嫌职务违法犯罪的被调查人；②该被调查人依法应当留置；③该被调查人因逃避调查而下落不明。二是通缉的决定和执行机关。监察机关决定采取通缉措施后，交由公安机关发布通缉令进行追捕。通缉的范围超出所管辖的地区的，监察机关应当报请有决定权的上级监察机关决定，并交由相应的公安机关发布通缉令。三是监察机关和公安机关应当加强协调配合。公安机关接到监察机关移送的通缉决定的，应当及时发布通缉令，各级公安机关接到通缉令后，应当迅速部署、组织力量，积极进行查缉工作。监察机关自行查获被通缉对象的，应当及时通知公安机关撤销通缉令。

### 32. 监察法对监察机关运用限制出境措施调查案件是如何规定的？

《监察法》第30条规定，监察机关为防止被调查人及相关人员逃匿境外，经省级以上监察机关批准，可以对被调查人及相关人员采取限制出境措施，由公安机关依法执行。对于不需要继续采取限制出境措施的，应当及时解除。赋予监察机关采取限制出境措施的权限，主要目的是保障调查工作的顺利进行，防止因被调查人及相关人员逃匿境外，而不能掌握违法犯罪事实及证据，导致调查工作停滞。其包括以下方面：一是适用对象。既包括涉嫌职务违法犯罪的被调查人，也包括涉嫌行贿犯罪或者共同职务犯罪的涉案人员，以及与案件有关的其他相关人员。二是审批程序。采取限制出境的审批主体和程序非常严格，必须由省级以上监察机关批准，防止限制出境措施的随意使用，切实保护公民合法权利。三是执行主体。监察机关作出采取限制出境措施的决定后，应当交由公安机关执行。四是延长和解除。限制出境措施期限届满后可以延长，但仍须由省级以上监察机关审批。为加强对公民合法权利的保护，在具体执行中，对期限尚未届满但不需要继续采取限制出境措施的，监察机关应当及时作出解除决定，并通知公安机关予以解除。

## 33. 监察法对监察机关对涉嫌职务犯罪的被调查人提出从宽处罚建议是如何规定的?

《监察法》第31条规定，涉嫌职务犯罪的被调查人主动认罪认罚，有下列情形之一的，监察机关经领导人员集体研究，并报上一级监察机关批准，可以在移送人民检察院时提出从宽处罚的建议：①自动投案，真诚悔罪悔过的；②积极配合调查工作，如实供述监察机关还未掌握的违法犯罪行为的；③积极退赃，减少损失的；④具有重大立功表现或者案件涉及国家重大利益等情形的。这里主要包括以下几点：一是被调查人主动认罪认罚，即在主观上表现为能够认识到自己的行为违反了法律的规定，并愿意接受法律的制裁，并对自己的所作所为感到后悔，表现了被调查人改恶向善的意愿。二是自动投案，主要有被调查人犯罪以后，犯罪事实未被监察机关发现以前；或者犯罪事实虽被发现，但不知何人所为；或者犯罪事实和被调查人均已被发现，但是尚未受到监察机关的询问、讯问或者尚未采取留置措施之前，主动到监察机关或者所在单位、基层组织等投案，接受调查。被调查人犯罪后逃到异地，又向异地的监察机关投案的，以及被调查人因患病、身受重伤，委托他人先行代为投案的，也属于自动投案。有的被调查人在投案的途中被捕获，只要查证属实的，也属于投案。有的被调查人投案并非完全出于自己主动，而是经亲友劝告，由亲友送去投案，对于这些情形也应认定为投案。但被调查人投案后又逃跑的，不能认定为自动投案。三是积极配合调查工作、如实供述监察机关还未掌握的违法犯罪行为。四是积极退赃，减少损失，即被调查人主动上交违法犯罪所得赃款赃物，减少国家、集体和公民的合法权益可能受到的损失。五是具有重大立功表现，主要包括被调查人检举、揭发他人的重大犯罪行为；阻止他人重大犯罪活动；协助监察机关抓捕其他重大职务犯罪被调查人；对国家和社会有其他重大贡献等。六是案件涉及国家重大利益，即被调查人所涉及的职务犯罪案件关系到国家安全、社会稳定、经济发展等国家重大利益等情形。七是从宽处罚的建议包括从轻处罚、减轻处罚和免除处罚。八是监察机关提出从宽处罚建议的，需要经集体研究，并报上一级监察机关批准。

**34. 监察法对监察机关对职务违法犯罪的涉案人员提出从宽处罚建议是如何规定的?**

《监察法》第32条规定，职务违法犯罪的涉案人员揭发有关被调查人职务违法犯罪行为，查证属实的，或者提供重要线索，有助于调查其他案件的，监察机关经领导人员集体研究，并报上一级监察机关批准，可以在移送人民检察院时提出从宽处罚的建议。对职务违法犯罪的涉案人员提出从宽处罚建议的规定，是鼓励职务违法犯罪的涉案人员积极配合监察机关的调查工作，将功折罪争取宽大处理，也为监察机关顺利查清案件提供有利条件，节省人力物力，提高反腐败工作的效率。

**35. 监察机关所收集的证据是否具有法律效力?监察法对监察机关取证的要求和标准，以及非法证据排除规则是怎样规定的?**

《监察法》第33条第1款规定，监察机关依照本法规定收集的物证、书证、证人证言、被调查人供述和辩解、视听资料、电子数据等证据材料，在刑事诉讼中可以作为证据使用。这是对监察机关证据作为刑事诉讼证据资格的规定。可以作为证据使用，是指这些证据具有进入刑事诉讼的资格，不需要刑事侦查机关再次履行取证手续。但这些证据能否作为定案的根据，还需要根据刑事诉讼法的其他规定进行审查判断。如果经审查属于应当排除的或者不真实的，不能作为定案的根据。

《监察法》第33条第2款规定，监察机关在收集、固定、审查、运用证据时，应当与刑事审判关于证据的要求和标准相一致。即刑事诉讼法对刑事审判关于证据的要求和标准有具体的规定，监察机关收集、固定、审查、运用的证据材料在刑事诉讼中作为证据使用，必须要与刑事诉讼法关于证据的要求和标准相衔接、相一致。

《监察法》第33条第3款规定，以非法方法收集的证据应当依法予以排除，不得作为案件处置的依据。以非法的方法收集证据，主要是指以刑讯逼供，或者以威胁、引诱、欺骗等非法方法来获取证据。这种证据是当事人在迫于压力或被欺骗情况下提供的，虚假的可能性非常大，不能凭此就作为案件处置的根据，否则极易造成错案，因此，应当依法予以排除。

## 36. 监察法对职务违法犯罪问题线索移送制度是如何规定的?

《监察法》第34条规定，人民法院、人民检察院、公安机关、审计机关等国家机关在工作中发现公职人员涉嫌贪污贿赂、失职渎职等职务违法或者职务犯罪的问题线索，应当移送监察机关，由监察机关依法调查处置。被调查人既涉嫌严重职务违法或者职务犯罪，又涉嫌其他违法犯罪的，一般应当由监察机关为主调查，其他机关予以协助。由于监察机关是行使国家监察职能的专责机关，对所有行使公权力的公职人员进行监察，调查职务违法和职务犯罪。因此，审判机关、检察机关、公安机关、审计机关等国家机关，在审判、审查起诉、刑事侦查、治安行政管理、审计等工作中，发现公职人员涉嫌职务违法犯罪问题线索的，应当及时移送监察机关。对同时涉嫌严重职务违法犯罪和其他违法犯罪的被调查人案件，一般也应当由监察机关为主调查，需要检察机关、公安机关等其他机关协助的，其应当给予协助。

## 37. 监察机关如何处理报案举报案件?

人民群众的报案和举报是监察机关发现和查处职务违法犯罪行为的重要线索来源和渠道，明确监察机关接受报案或者举报的义务，有利于保护人民群众参与反腐败斗争的积极性。《监察法》第35条规定："监察机关对于报案或者举报，应当接受并按照有关规定处理。对于不属于本机关管辖的，应当移送主管机关处理。"根据该条规定，监察机关是接受报案或者举报的机构。按照监察机关内部职责分工，由信访部门负责统一接受群众的来信来访和报案、举报材料，逐件登记并分类摘要后，按照程序报批后再按照规定办理。"报案"是指有关单位和个人（包括案件当事人）向监察机关报告其知道的公职人员涉嫌职务违法犯罪事实或者线索的行为；"举报"是指当事人以外的其他知情人向监察机关检举、揭发公职人员涉嫌的职务违法犯罪事实或者线索的行为。

监察法对监察机关管辖监察事项的原则有明确规定，但为了方便人民群众报案、举报，该条对单位和个人报案或者举报的监察机关未做限制，即发现公职人员涉嫌职务违法犯罪事实或者线索的单位和个人，可以向任何层级的监察机关报案或者举报。对于属于监察机关职责范围内的案件由监察机关根据法律予以处理，对属于监察事项，但不属于该监察机关管辖，应当移送有管辖权的监察机关处理；对不属于监察事项，应当由别的主管机关管辖，应当移送相应机关处理。

此外，监察机关应当建立严格的保密制度，严禁泄露举报事项、处理情况以及与举报人相关的信息，这样有利于保护报案人、举报人及近亲属的安全，也有利于保护人民群众与职务违法犯罪做斗争的积极性。

### 38. 监察法对监察机关加强自我监督管理有哪些规定？

监察机关作为依法开展国家监察的专责机关，其履行监察职能的过程也是行使公权力的过程。监察机关监督范围广、权力大，必须强化监察机关内控机制，通过制定严格的内部监督制约制度，防止因权力过于集中而引发的有案不查、串通包庇、跑风漏气、以案谋私等问题。

《监察法》第36条第1款规定，监察机关应当严格按照程序开展工作，建立问题线索处置、调查、审理各部门相互协调、相互制约的工作机制。监察机关严格按照程序开展工作，是以法治思维和法治方式惩治腐败的必然要求，也是监察机关加强内部监督的必然要求，《监察法》第5章专门规定了监察程序，是监察机关开展工作的基本遵循，如对问题线索处置、初步核实、立案调查、采取调查措施等都作了详细规定，应严格按照法律规定正确履行职责。

《监察法》第36条第2款规定，设立专门工作部门履行线索管理、监督检查、督促办理、统计分析等管理协调职能，强化对调查、处置工作全过程的监督管理。实践中，在监察机关内部，一般由案件监督管理部门履行线索管理、监督检查、督促办理、统计分析等管理协调职能。案件监督管理部门和监督调查部门之间要建立相互支持、协调衔接的工作机制。案件监督管理部门要主动履职，对监督调查部门的线索处置、审查调查情况进行监督检查、跟踪研判，在安全保障、陪护力量协调等方面支持监督调查部门的工作。监督调查部门要将工作进展、线索处置进度以及相关审查调查数据等情况及时报送案件监督管理部门，便于汇总分析。

### 39. 监察机关如何处理问题线索？

处置反映公职人员涉嫌职务违法犯罪的问题线索，是监察机关开展工作的基础和前提。规定问题线索处置的具体程序和要求，有利于加强对问题线索处置各个环节的监督和制约，实现对问题线索的有效管控。《监察法》第37条规定了监察机关处理监察对象问题线索的程序：一是应当按照有关规定提出处置意见。二是履行审批手续，三是进行分类办理。线索处置情况应当定期汇总、通报，定期检查、抽查。承办部门收到案件监督管理部门移交的问题线索，应当根据所掌握的情况认真分析研判，提出处置意见；处置意见应当在收到问题线索之日起30日内提出，并制定处置方案，履行审批手续，不得拖延和积压；处置方式主要有谈话函询、初步核实、暂存待查、予以了结四种。暂存待查是指线索反映的问题虽具有一定的可查性，但由于时机、现有条件、涉案人一时难以找到等种种原因，暂不具备核查的条件而存放备查。予以了结是指线索反映的问题失实或没有可能开展核查工作而采取的线索处置方式。包括虽有职务违法事实但情节轻微不需追究法律责任，已建议有关单位作出恰当处理的，以及被反映人已去世的等情况；承办部门应当定期汇总线索处置情况，及时向案件监督管理部门通报，并定期对本部门的问题线索处置情况进行自查。案件监督管理部门要定期汇总、核对、检查、抽查问题线索及处置情况，向本机关相关负责人报告。各部门还应当做好线索处置归档工作，归档材料应当齐全完整，载明领导批示和处置过程。

### 40. 监察机关初步核实问题线索要履行哪些程序？

初步核实是指监察机关对受理和发现的反映监察对象涉嫌违法犯罪的问题线索，进行初步了解、核实的活动。初步核实是监察机关调查工作的重要环节，监察机关调查的对象大都是公职人员，特别是一些重大案件，涉及一定层级的领导干部，社会影响大，如果稍有不慎出现偏差，不仅会给调查工作带来困难，还会产生不良的政治和社会影响，因此初步核实工作必须严格按照法定程序开展。《监察法》第38条规定了初步核实的程序。

（1）监察机关应当依法履行审批程序，成立核查组。监察机关采取初步核实方式处置问题线索，履行审批程序，一般应当报监察机关相关负责人审批。经批准后，承办部门应当制定工作方案，成立核查组。初步核实方案一般包括初步核实的依据，核查组人员组成，需要核实的问题，初步核实的方法、步骤、时间、范围和程序等，以及应当注意的事项。初步核实方案应当报承办部门主要负责人和监察机关分管负责人审批。

（2）初步核实工作结束后，核查组应当撰写初步核实情况报告，提出处理建议。情况报告应列明被核查人基本情况、反映的主要问题、办理依据及初步核实结果、存在疑点、处理建议，由核查组全体人员签名备查等。

（3）承办部门应当提出分类处理意见。承办部门应当综合分析初步核实情况，按照拟立案审查、予以了结、谈话提醒、暂存待查，或者移送有关机关处理等方式提出分类处理建议。

（4）初步核实情况报告和分类处理意见报监察机关主要负责人审批。必要时向同级党委（党组）主要负责人报告。

### 41. 监察机关立案程序是怎样的？

立案是监察机关调查职务违法、职务犯罪的重要环节，必须严格依法进行。《监察法》第 39 条规定，对监察对象涉嫌职务违法犯罪，需要追究法律责任的，监察机关应当按照规定的权限和程序办理立案手续。同时还规定了监察机关的立案程序，既可以保证准确及时立案，有可以保障被调查人及其家属的知情权。

监察机关立案程序规定了两方面内容。

（1）监察机关主要负责人依法批准立案后，应当主持召开专题会议，研究确定调查方案，决定需要采取的调查措施。调查方案的内容应包括：应当查明的问题和线索，调查步骤、方法，调查过程中需要采取哪些措施，预计完成任务的时间，以及应当注意事项等。调查方案一经确定，案件调查人员应当严格遵照执行，不得擅自更改方案内容，遇有重大突发情况需要更改调查方案的，应当报批准该方案的监察机关主要负责人批准。

（2）立案调查决定应当向被调查人宣布，并通报相关组织。涉嫌严重职务违法或者职务犯罪的，应当通知被调查人家属，并向社会公开发布。这主要是因为，涉嫌严重职务违法或者职务犯罪的被调查人很可能已经被采取留置措施，需要让其家属知情，向社会公开发布，既是监察机关接受社会监督的方式，也是加强反腐败斗争宣传、形成持续震慑的手段。

### 42. 监察机关调查取证工作有哪些要求？

《监察法》第 40 条从正反两方面规定了对监察机关的调查取证要求，保证监察机关依法、全面收集证据、查清犯罪事实。

第1款规定，监察机关对职务违法和职务犯罪案件，应当进行调查，收集被调查人有无违法犯罪以及情节轻重的证据，查明违法犯罪事实，形成相互印证、完整稳定的证据链。监察机关调查人员必须严格依照规定程序，收集证据必须要客观、全面，同时要对收集到的证据进行分析研究，鉴别真伪，找出证据与案件事实之间的客观内在联系，形成相互印证、完整稳定的证据链。

第2款规定，严禁以威胁、引诱、欺骗及其他非法方式收集证据，严禁侮辱、打骂、虐待、体罚或者变相体罚被调查人和涉案人员。以刑讯逼供、威胁、引诱、欺骗方式取得的被调查人和涉案人员的口供，是在迫于压力或被欺骗情况下提供的，虚假的可能性非常大，仅凭此就作为定案根据，极易造成错案。其中，刑讯逼供包括以暴力殴打、长时间不让睡眠等方式对被调查人和涉案人员逼取口供。通过思想政治工作让被调查人和涉案人员主动交代，争取从宽处理；对被调查人和涉案人员宣讲党和国家的政策，宣传法律关于如实供述自己罪行可以从轻处罚的规定，不属于强迫犯罪嫌疑人证实自己有罪。

## 43. 监察法对监察机关采取调查措施有哪些程序性规定？

《监察法》第41条规定了采取调查措施的程序要求，主要有五点：①依照规定出示证件。出示证件的目的是证明调查人员的真实身份，以便相关单位和人员积极有效的配合。②出具书面通知。监察机关决定采取调查措施时，应当制作书面通知，交由调查人员向相关单位或个人在现场出示，以证明调查人员的行为经过监察机关合法授权。如进行搜查必须向被搜查单位或个人出示搜查证明文件，否则相关单位或个人有权不予配合。③由两人以上进行。两人以上不仅有利于互相配合、互相监督，防止个人徇私舞弊或发生刑讯逼供、诱供等非法调查行为，还有利于防止一些被调查人诬告调查人员有人身侮辱、刑讯逼供等行为。④形成笔录、报告等书面材料，并由相关人员签名、盖章。笔录、报告等书面材料是证据的重要载体，有利于保证证据的客观和真实。⑤重要取证工作应当全程录音录像。目的是留存备查，这既是对重要取证工作的规范，也是对调查人员的保护。录音录像应当符合全程的要求，如果不能保证全程录音录像，录制设备的开启和关闭时间完全由调查人员自由掌握，录音录像就不能发挥证明取证工作合法性的作用。

## 44. 调查人员执行调查方案有哪些要求？

监察法规定调查人员执行调查方案，主要目的是督促调查人员讲政治、顾大局，严格执行调查方案，强化程序意识，按程序工作，严格请示报告制度和集体研究，杜绝个人专断，以案谋私。

《监察法》第42条第1款规定，调查人员应当严格执行调查方案，不得随意扩大调查范围、变更调查对象和事项。调查方案是由监察机关主要负责人主持召开专题会议研究确定的，是对调查工作的总设计总安排，是进行调查工作的具体计划和部署。调查人员在开展调查过程中，应当严格根据调查方案确定的调查范围、调查对象和事项开展工作，不得随意扩大。

《监察法》第42条第2款规定，对调查过程中的重要事项，应当集体研究后按程序请示报告。反腐败工作高度敏感，无论对什么级别的公职人员进行调查，都必须加强请示报告。在案件调查工作中，不仅要报告结果，也要报告过程。案件调查重要进展情况，调查人员要及时向监察机关领导人员口头报告，之后再正式行文请示，不能先斩后奏，更不能造成既成事实，搞倒逼、“反管理”。这既是对上负责，也是工作程序，更是一项基础性工作。

## 45. 监察法对留置措施有哪些规定？

采取留置措施是监察法规定的新制度。用留置取代“两规”措施，解决了长期困扰我们的法治难题，这是法治建设的重大进步，也是这部法律的亮点。留置是一种限制人身自由的措施，要严格依法进行。为规范留置措施的使用，防止滥用，监察法对此作了一系列规定：①严格审批，设区的市级以下监察机关采取留置措施，应当报上一级监察机关批准。省级监察机关采取留置措施，应当报国家监察委员会备案。②要在规定的留置场所执行并进行管理。③严格留置时限，不得超过3个月，特殊情况下，可以延长一次，但要经过严格批准，延长时间不得超过3个月，也就是最长不能超过6个月。④采取留置措施的，如被法院判处管制、拘役和有期徒刑的，留置期限可以折抵刑期，留置一日折抵管制二日，折抵拘役、有期徒刑一日。

同时，监察法还对保障被留置人员合法权益作出了规定：①在总则中关于监察工作要坚持的原则中规定“保障当事人的合法权益”；②规定监察机关发现采取留置措施不当的，应当及时解除；③采取留置措施后，除有碍调查的，应当在24小时以内，通知被留置人所在单位和家属；④保障被留置人员的饮食、休息和安全，提供医疗服务；⑤监察机关及其工作人员违反规定发生办案安全事故，或者发生安全事故后隐瞒不报、报告失实、处置不当的，对负有责任的领导人员和直接责任人员依法给予处理。通过上述规定，来保障被留置人员的合法权利。

## 46. 监察机关依法履行处置职责有几种方式?

为了规范和保障监察机关的处置工作，既防止监察机关滥用处置权限，也保证监察机关依法履行处置职责。《监察法》第45条规定了监察机关根据监督、调查结果，依法履行处置职责有五种方式。

（1）对有职务违法行为但情节较轻的公职人员，按照管理权限，直接或者委托有关机关、人员，进行谈话提醒、批评教育、责令检查，或者予以诫勉。与《监察法》第19条规定的预防性质的提醒谈话措施相比，这里的提醒谈话属于调查之后的处理结果。对这种方式，有管辖权的监察机关可以直接作出上述处理，也可以委托公职人员所在单位、上级主管部门或者上述单位负责人代为作出。

（2）对违法的公职人员依照法定程序作出警告、记过、记大过、降降级、撤职、开除等政务处分。监察机关给予公职人员政务处应当做到事实清楚、证据确凿、定性准确、处理恰当、程序合法、手续完备，所受处分与应职务违法行为的性质、情节、危害程度相适应。

（3）对不履行或者不正确履行职责负有责任的领导人员，按照管理权限对其直接作出问责决定，或者向有权作出问责决定的机关提出问责建议。问责的情形是领导人员不履行职责或不正确履行职责，如管理失之于宽松软，该发现问题没有发现，发现问题不报告不处置，造成严重后果的；推进廉政建设和反腐败工作不坚决、不扎实，管辖范围内腐败蔓延势头没有得到有效遏制，损害群众利益的不正之风和腐败问题突出等。

（4）对涉嫌职务犯罪的，监察机关经调查认为犯罪事实清楚，证据确实、充分的，制作起诉意见书，连同案卷材料、证据一并移送人民检察院依法审查、提起公诉移送的主体是有管辖权的监察机关，包括接受指定管辖的监察机关移送的对象是涉嫌职务犯罪的被调查人，以及监察机关制作的起诉意见书、案卷材料、证据等。

（5）对监察对象所在单位廉政建设和履行职责存在的问题等提出监察建议。监察建议是指监察机关依法根据监督、调查结果，针对监察对象所在单位廉政建设和履行职责存在的问题等，向相关单位和人员就其职责范围内的事项提出的具有一定法律效力的建议。监察建议不同于一般的工作建议。一般来说，监察机关遇有下列情形时，可以提出监察建议：拒不执行法律法规或者违反法律法规，应当予以纠正的；有关单位作出的决定、命令、指示违反法律法规或者国家政策，应当予以纠正或者撤销的；给国家利益、集体利益和公民合法权益造成损害，需要采取补救措施的；录用、任免、奖惩决定明显不适当，应当予以纠正的；依照有关法律法规的规定，应当给予处罚的；需要完善廉政建设制度等。

同时，规定了撤销案件。监察机关在调查过程中，发现立案依据失实，或者没有证据证明存在违法犯罪行为，不应对被调查人追究法律责任的，应当及时终止调查，决定撤销案件，并将撤销案件的原因和决定通知被调查人及其所在单位，并在一定范围内为被调查人予以澄清。对此作出明确规定，对于保护公职人员的合法权利，及时终止错误或者不当的调查行为，是十分必要的。

### 47. 涉案财物如何处置？

《监察法》第46条对涉案财物规定了两种处理方式。

（1）依法予以没收、追缴或者责令退赔。“没收”是指将违法取得的财物强制收归国有的行为，没收的财物一律上缴国库。“追缴”是指将违法取得的财物予以追回的行为，追缴的财物退回原所有人或者原持有人；依法不应退回的，上缴国库。“责令退赔”是指责令违法的公职人员将违法取得的财物予以归还，或者违法取得的财物已经被消耗、毁损的，用与之价值相当的财物予以赔偿的行为。责令退赔的财物直接退赔原所有人或者原持有人，无法退赔的，应当上缴国库。

（2）随案移送。对随案移送检察机关的财物，监察机关要制作移送登记表。与检察机关办理交接手续时，双方应当逐笔核对财物情况以及相对应的犯罪事实，做到心中有数。

### 48. 检察机关对监察机关移送的案件如何处理？

为了保证检察机关依法、及时开展审查起诉工作，确保监察机关与检察机关在办理职务犯罪案件过程中有序衔接、相互制约，《监察法》第 47 条规定了检察机关对监察机关移送的案件的四种处理方式。

（1）对监察机关移送的案件，人民检察院依照刑事诉讼法对被调查人采取强制措施。

（2）人民检察院认为犯罪事实已经查清，证据确实、充分，依法应当追究刑事责任的，应当作出起诉决定。

（3）人民检察院认为需要补充核实的，应当退回监察机关补充调查，必要时可以自行补充侦查。对于补充调查的案件，应当在一个月内补充调查完毕。补充调查以二次为限。

（4）人民检察院对于有刑事诉讼法规定的不起诉的情形的，经上一级人民检察院批准，依法作出不起诉的决定。监察机关认为不起诉的决定有错误的，可以向上一级人民检察院提请复议。

### 49. 被调查人逃匿、死亡应如何处理？

对被调查人逃匿、死亡的处理，《监察法》第 48 条规定了两种状况。

（1）监察机关在调查贪污贿赂、失职渎职等职务犯罪案件过程中，被调查人逃匿或者死亡，有必要继续调查的，经省级以上监察机关批准，应当继续调查并作出结论。这里的“贪污贿赂犯罪”主要指刑法分则第八章规定的国家工作人员贪污罪和贿赂犯罪；“失职渎职犯罪”主要指刑法分则第九章规定的国家机关工作人员渎职犯罪；对被调查人逃匿或者死亡的职务犯罪案件继续调查的批准权限，在省级以上监察机关。经过调查作出的结论，应当符合《刑法》第 64 条关于追缴违法所得及其他涉案财产的规定，即犯罪分子违法所得的一切财物，应当予以追缴或者责令退赔；对被害人的合法财产，应当及时返还；违禁品和供犯罪所用的本人财物，应当予以没收。没收的财物和罚金，一律上缴国库，不得挪用和自行处理。

（2）被调查人逃匿，在通缉一年后不能到案，或者死亡的，由监察机关提请人民检察院依照法定程序，向人民法院提出没收违法所得的申请。这里所说的“逃匿”是指被调查人在犯罪后，为逃避法律制裁而逃跑、隐匿或躲藏的。“通缉”是指监察机关通令缉拿应当留置而在逃的被调查人归案的一种调查措施；为严厉打击贪污贿赂等职务犯罪，对犯罪所得及时采取追缴措施，刑事诉讼法规定了“犯罪嫌疑人、被告人逃匿、死亡案件违法所得的没收程序”，本条规定与刑事诉讼法相关规定和2016年《最高人民法院、最高人民检察院关于适用犯罪嫌疑人、被告人逃匿、死亡案件违法所得没收程序若干问题的规定》的精神是一致的。一般情况下，犯罪嫌疑人如果逃匿，调查就难以进行；即使调查比较顺利，如果犯罪嫌疑人死亡，依照《刑事诉讼法》第15条的规定，就应当撤销案件，或者不起诉，或者终止审理。但是，违法所得没收程序属于特别程序，在犯罪嫌疑人、被告人不能到案的情况下，可以对其违法所得及其他涉案财产进行审理并作出裁定。

此外，参照2017年1月5日起施行的《最高人民法院、最高人民检察院关于适用犯罪嫌疑人、被告人逃匿、死亡案件违法所得没收程序若干问题的规定（法释〔2017〕1号)》第3条规定的精神，被调查人为逃避调查和刑事追究潜逃、隐匿的，应当认定为“逃匿”；被调查人因意外事故下落不明满两年，或者因意外事故下落不明，经有关机关证明其不可能生存的，也按照“逃匿”处理。

### 50. 监察对象申请复审有哪些规定？

“复审”是指监察对象对监察机关作出的涉及本人的处理决定不服，向作出决定的监察机关申请再次审查的要求。《监察法》第49条规定了复审程序，目的是明确监察对象对监察机关涉及本人的处理决定不服提出复审的程序和时限，保障监察对象的合法权益，促进监察机关依法履职、秉公用权。①提起复审的主体。提起复审的主体只能是监察对象，是对监察机关作出的涉及本人的处理决定不服的，不能是其他人；②提起复审的机关。监察对象职能向作出决定的原来的监察机关申请复审，而不能向其他机关提出申请；③复审的时限。作出决定的监察机关依法受理后，应当对原处理决定进行审查核实并作出复审决定。监察法规定，复审机关应当在一个月内作出复审决定，一个月应当自复审机关收到复审申请之日起计算；④复审期间原处理决定的效力。监察机关经过复审认为原处理决定不适当的，可以作出变更或者撤销原处理决定的复审、决定。复审、决定的效力始于原处理决定生效之时。复审期间不停止原处理决定的执行，因为监察机关处理决定和复审决定，是一级国家机关依法作出的，对监察对象和监察机关均有约束力，双方都必须严格执行，非依法定程序不得随意变更和撤销。在复审期间不停止原处理决定的执行，有利于保障监察机关代表国家作出的处理决定，维护监察机关的工作秩序，维护法律秩序和公共利益。

**51. 监察对象申请复核有哪些规定？**

“复核”，是指监察对象对复审决定不服，自收到复审决定之日起一个月内，向作出复审决定的监察机关的上级监察机关申请，上一级监察机关依法受理后，对原复审决定进行审查核实并作出复核决定。复审是复核的前置程序，未经复审的，不能提出复核申请。规定复核程序的目的在于保证监察机关正确及时处理复核案件，维护复核申请人的合法权益，维护和监督监察机关依法办事；复核时限。复核机关应当自复核机关收到复核申请之日二个月内作出复核决定；复核期间原处理决定的效力。复核期间不停止原处理决定的执行，监察机关经过复核认为原处理决定不适当的，可以作出变更或者撤销原处理决定的复核决定。这一复核决定的效力始于原处理决定生效之时。

**52. 国家监察委员会在反腐败国际合作中的职责是什么？**

党的十八大以来，以习近平同志为核心的党中央坚定不移反对腐败，高度重视反腐败国际合作，与世界各国共同打击跨国腐败犯罪，坚决遏制腐败蔓延和腐败分子外逃势头，为国际反腐败事业贡献中国智慧，提供中国方案。《监察法》第 50、51 条明确规定了国家监察委员会在反腐败国际合作中的职责包括：①统筹协调与其他国家、地区、国际组织开展的反腐败国际交流、合作。我国有关部门、组织等与其他国家、地区、国际组织开展反腐败国际交流与合作，国家监察委员会有权在党中央的集中统一领导下，发挥统筹协调的作用。②组织反腐败国际条约实施工作。对我国签署的反腐败国际条约，国家监察委员会要组织国内有关部门开展一系列实施工作，例如，条约与我国法律制度衔接工作，要组织国内有关部门接受履约审议，督促有关部门做好自评清单填写和提交工作，接受审议国对我国进行实地访问等。

**53. 国家监察委员会组织协调反腐败对外交流与合作的领域有哪些？**

监察法规定国家监察委员会组织协调反腐败对外交流与合作的领域有六方面：①“反腐败执法”合作，是指我国公安机关司法行政部门等，与有关国家、地区、国际组织在调查腐败案件、抓捕外逃涉案人等方面开展的合作，如公安机关协调国际刑警组织发布“红色通缉令”。②“引渡”，是指根据双边条约、多边条约或以互惠为基础，向外逃涉案人所在地国提出请求，将涉嫌犯罪人员移交给国内进行追诉和处罚。③“司法协助”，是指根据双边条约、多边条约或以互惠为基础，我国与有关国家、地区之间，在对条约或协定等所涵盖的犯罪进行的侦查、起诉和审判过程中，相互提供最广泛的司法方面的协助。④“被判刑人的移管”，是指外逃人员所在国依据本国法和我们提供的证据，对我国外逃人员进行定罪判刑后，将该外逃人员移交我国服刑。⑤“资产追回”，是指对贪污贿赂等犯罪嫌疑人携款外逃的，通过与有关国家、地区、国际组织的合作，追回犯罪资产。⑥“信息交流”，是指我国与有关国家、地区、国际组织之间，发展和共享有关腐败的统计数字、分析性专门知识和资料，以及有关预防和打击腐败最佳做法的资料等。

**54. 国家监察委员会在反腐败国际追逃追赃和防逃工作中的职责是什么？**

反腐败国际追逃追赃和防逃涉及面广、工作复杂，不能各自为战，需要在国家监察委员会的统筹协调下，督促国内有关单位积极履行反腐败国际合作相关职责。监察法规定了三方面的内容：①对于重大贪污贿赂、失职渎职等职务犯罪案件，被调查人逃匿到国（境）外，掌握证据比较确凿的，通过开展境外追逃合作，追捕归案。开展反腐败国际追逃，引渡是利用国际刑事司法协助开展境外追逃的正式渠道和理想方式，遣返、劝返、异地起诉等是引渡之外的替代措施；②向赃款赃物所在国请求查询、冻结扣押、没收、追缴、返还涉案资产；③查询、监控涉嫌职务犯罪的公职人员及其相关人员进出国（境）和跨境资金流动情况，在调查案件过程中设置防逃程序。“防逃”是指通过加强组织管理和干部监督，查询、监控涉嫌职务犯罪的公职人员及其相关人员进出国（境）和跨境资金流动情况，完善防逃措施，防止涉嫌职务犯罪的公职人员外逃。

### 55. 监察法对监察机关规定了几种监督方式？

任何权力都要受到监督。监察机关权力大、责任重，在行使监督权的同时，更要受到严格的监督。如何监督监察机关，也是社会广泛关注的问题。监察法对监察机关规定了三种监督方式：①人大监督。监察法规定，各级监察委员会应当接受本级人民代表大会及其常务委员会的监督。我国的政体是人民代表大会制度，监察委员会由人大产生，理应对其负责，受其监督。人大常委会通过听取和审议监察委员会的专项工作报告、组织执法检查两种方式进行监督。②社会各方面监督。监察法规定，监察机关应当依法公开监察工作信息，接受民主监督、社会监督、舆论监督。需要注意的是，这些监督应当在法律规定的范围内进行，任何部门不得无理干扰、非法干涉监察职权的正确行使。③内部监督。监察法规定，监察机关通过设立内部专门的监督机构等方式，加强对监察人员执行职务和遵守法律情况的监督，建设忠诚、干净、担当的监察队伍。监察法规定的对打听案情、过问案件、说情干预的应当报告和登记备案，监察人员的回避，脱密期管理和对监察人员辞职、退休后从业限制等制度，对监察机关及其工作人员不当行为的申诉和责任追究制度，都是监察机关自我监督的方式。

### 56. 监察人员办理哪些监察案件时应回避？

监察法规定回避制度，是为了确保监察工作客观、公正、合法，树立监察机关公正执法的良好形象。监察法规定了四种应当回避的情形：①是监察对象或者检举人的近亲属的。这种情形是指监察人员是监察对象或者检举人的夫、妻、父、母、子、女、同胞兄弟姊妹。②担任过本案的证人的。担任过本案的证人的人，既不能同时，也不能参与以后的调查处置环节，以避免出现不公正办案的情况。③本人或者其近亲属与办理的监察事项有利害关系的。是指监察人员或者他的夫、妻、父、母、子、女、同胞兄弟姊妹虽不是本案相关人，但本案的处理涉及他们的重大利益，或者存在可能影响案件公正处理的其他关系。④有可能影响监察事项公正处理的其他情形。这种情形主要包括以下几种：是监察对象、检举人及其他有关人员的朋友、亲戚；与监察对象有过恩怨；与监察对象有借贷关系等。

监察人员实行回避可以是监察人员自行回避，监察对象、检举人及其他有关人员也可以要求其回避。

### 57. 对监察人员脱密期管理和从业限制有哪些规定？

《监察法》第59条规定，监察机关涉密人员离岗离职后，应当遵守脱密期管理规定，严格履行保密义务，不得泄露相关秘密。监察人员辞职、退休3年内，不得从事与监察和司法工作相关联且可能发生利益冲突的职业。该条的主要目的是加强对监察人员的保密管理和从业限制，防止发生失泄密问题，避免利益冲突。

监察工作涉及大量国家秘密和工作机密，监察人员在工作中接触的秘密不能因为人员流动而导致泄露，在脱密期内自觉遵守就业、出境等方面的限制性要求，有关部门和单位也要切实负起责任，加强对离岗离职后涉密人员的教育、管理和监督。

法律对行政机关公务员、法官、监察官辞职后都有从业限制规定。监察人员掌握监察权，不仅要对监察人员在职期间的行为加以严格约束，而且也要对监察人员辞职、退休后的行为作出一定的限制，避免监察人员在职期间利用手中权力为他人谋取利益换取辞职、退休后的回报，或在辞职、退休后利用自己在原单位的影响力为自己谋取不当利益。

### 58. 发生哪些行为，被调查人可以申诉？

申诉是宪法赋予公民的基本权利。监察机关采取相关调查措施时，被调查人的人身、财产权等合法权益受到侵害的，被调查人及其近亲属有权申诉。被调查人的近亲属包括被调查人的夫妻、父母、子女、同胞兄弟姊妹。

监察法列举了五种可以申诉情况。

（1）留置法定期限届满，不予以解除的。《监察法》第43条明确规定："留置时间不得超过三个月。在特殊情况下，可以延长一次，延长时间不得超过三个月。"

（2）查封、扣押、冻结与案件无关的财物的。《监察法》第25条规定"监察机关在调查过程中，可以调取、查封、扣押用以证明被调查人涉嫌违法犯罪的财物、文件和电子数据等信息”。第23条规定“监察机关调查涉嫌贪污贿赂、失职渎职等严重职务违法或者职务犯罪，根据工作需要，可以依照规定查询、冻结涉案单位和个人的存款、汇款、债券、股票、基金份额等财产”。超出监察法规定的范围，不得任意查封、扣押、冻结与案件无关的财物。

（3）应当解除查封、扣押、冻结措施而不解除的。《监察法》第23条规定“冻结的财产经查明与案件无关的，应当在查明后三日内解除冻结，予以退还”。第25条规定“查封、扣押的财物、文件经查明与案件无关的，应当在查明后三日内解除查封扣押，予以退还”。经查明确实与案件无关的财物、文件、财产，包括案件处置完毕或者司法程序完结后不需要追缴、没收的财物、文件、财产。

（4）贪污、挪用、私分、调换以及违反规定使用查封、扣押、冻结的财物的。“贪污”一般是指监察机关及其工作人员将被查封、扣押、冻结的财物占为己有；“挪用”一般是指将该财物私自挪作他用；“私分”一般是指将该财物私下瓜分；“调换”一般是指将该财物以旧换新，或者换成低档品等；“违反规定使用”一般是指擅自将财物任意使用，如违规使用被扣押的车辆等。

（5）其他违反法律法规、侵害被调查人合法权益的行为。本项是为了全面保护被调查人的合法权益设置的兜底条款。除了前四项规定的情形外，对于其他违法违规侵害被调查人合法权益的行为，被调查人及其近亲属也可以提出申诉。

被调查人及其近亲属对于监察机关及其工作人员具有前述情形之一的，可以向原监察机关提出申诉，受理申诉的监察机关应当在受理申诉之日起1个月内作出处理决定；申诉人对受理申诉的监察机关作出的处理决定不服的，可以在收到处理决定之日起1个月内向上一级监察机关申请复查，上一级监察机关应当在收到复查申请之日起2个月内作出处理决定情况属实的，予以纠正。

## 59. 监察人员哪些行为应承担法律责任？

监察人员应本着负责的态度认真履行职责，在立案审查前做实做细初步核实等基础工作，在立案审查后严格依法处置，严格自律，不认真履责，玩忽职守的监察人员应进行责任追究。监察法规定了三种行为：①立案依据不充分或者失实。监察工作中初核至关重要，监察人员应全面把握事实、性质、责任、情节，厘清是非轻重等关键问题后，才能依照程序报请立案。如果初核不扎实、立案不准确，立案依据存在明显错误，影响案件调查审理的，应当依法追究责任。②案件处置出现重大失误。监察法对案件调查处置的程序和权限都有明确要求，如果出现违法采取留置措施，甚至是违反规定发生办案安全事故等重大失误，应当依法追究责任。③监察人员严重违法。办理案件的监察人员执法违法、失职失责，不仅影响办案的效果，也会对监察机关形象造成严重损害，对严重违法的监察人员给予严肃处理的同时，负有责任的领导人员也难辞其咎，必须承担相应的领导责任。

## 60. 有关单位拒不执行监察机关处理决定的行为有哪些？

监察机关是行使国家监察职能的专责机关，监察机关作出的处理决定有法律效力和强制性，监察对象及有关单位必须严格执行，并且要将执行的情况通报监察机关。有关单位对监察机关作出的处理决定有异议的，应当依照法定程序向监察机关提出申诉。

监察法规定了两种行为：一是有关单位拒不执行监察机关作出的处理决定的。《监察法》第 45 条规定，监察机关作出的处理决定是指根据监督、调查结果，向职务违法的监察对象作出的警告、记过、记大过、降级、撤职、开除等政务处分决定；对不履行或者不正确履行职责负有责任的领导人员，按照管理权限对其直接作出问责决定，或者向有权作出问责决定的机关提出问责建议。有关单位拒不执行处理决定的，应当依法承担法律责任。二是有关单位无正当理由拒不采纳监察建议的。《监察法》第 45 条规定，监察建议是指监察机关在监督、调查、处置的基础上，对监察对象所在单位廉政建设和履行职责存在的问题等提出的建议。对于监察机关提出的监察建议，监察对象及其所在单位如无正当理由，应当采纳，并且将采纳监察建议的情况通报给监察机关。被监察对象所在单位未按照法定程序向监察机关提出异议，又拒不采纳监察建议的，应当追究所在单位及人员的法律责任。

有关单位一旦发生上述违法行为不但对单位要给予通报批评，对负有责任的领导人员和直接责任人员也要依法给予处理。

## 61. 有关人员阻碍、干扰监察机关行使职权的违法行为有哪些？

《监察法》第63条列举了五项阻碍、干扰监察机关行使职权的违法行为：①不按要求提供有关材料，拒绝、阻碍调查措施实施等拒不配合监察机关调查。监察对象及相关人员有义务提供与监察事项有关的文件、资料、财务账目及其他有关材料和其他必要情况，不得故意拖延履行或者拒绝履行，也不得拒绝、阻碍搜查、留置等调查措施实施。②提供虚假情况，掩盖事实真相。监察机关及其工作人员要求提供与违法犯罪行为有关的真实情况和违法犯罪事实时，监察对象故意提供虚假情况，或提供虚假证明，掩盖违法犯罪事实，意图阻碍监察机关调查，逃避法律追究的行为。③串供或者伪造、隐匿、毁灭证据。“串供”是指监察对象与他人相互串通，捏造虚假口供，以逃避处罚的行为。“伪造、隐匿、毁灭证据”是指有关人员编造虚假证据，提供虚假的事实证明，或者将能够证明案件真实情况的书证、物证或其他证据予以毁灭或者隐藏起来使其不能证明案件真实情况的行为。④阻止他人揭发检举、提供证据。指监察对象通过种种方式为他人揭发检举、提供证据材料的行为设置障碍。⑤其他违反监察法规定的行为，情节严重。由于监察工作所涉及的事项纷繁复杂，阻碍、干扰监察工作的行为在立法上不可能穷尽，除了前四项规定的情形外，其他阻碍、干扰监察机关行使职权情节严重的，也要予以处理。例如，为同案人员通风报信，为同案人员窝藏、转移赃款、赃物等。

## 62. 哪些行为属于报复陷害和诬告陷害？

关于哪些行为属于报复陷害和诬告陷害，监察法规定了两个方面内容。

（1）监察对象对控告人、检举人、证人或者监察人员进行报复陷害。监察人员在办理监察事项过程中不可避免地会触动一些人的实际利益，会遇到一些人不同程度的抗拒，其中包括为了逃避制裁和出于受到制裁后的怨恨，而对监察人员进行报复陷害。实践中，监察对象对控告人、检举人、证人或者监察人员打击报复的表现形式多种多样，如诬蔑陷害、围攻阻挠、谩骂殴打、无理地调动工作，压制提职晋级和评定职称等。监察对象对控告人、检举人、证人或者监察人员进行报复陷害的，应当依法给予政务处分；是党员的，依照《中国共产党纪律处分条例》追究党纪责任；构成犯罪的，依法追究刑事责任。

（2）控告人、检举人、证人捏造事实诬告陷害监察对象。控告人、检举人、证人捏造事实诬告陷害监察对象，既包括以使监察对象受刑事追究为目的，也包括以败坏监察对象名誉、阻止监察对象得到某种奖励或者提升为目的而诬告其有违法违纪行为。对于控告人、检举人、证人诬告陷害监察对象的，应当依法给予政务处分；是党员的，依照《中国共产党纪律处分条例》追究党纪责任；构成犯罪的，依法追究刑事责任。

## 63. 监察法对监察机关及其工作人员违法行使职权的责任追究的规定是怎样的？

监察机关和监察人员不能认真履行职责滥用权力，不仅影响监察机关的形象和威信，更辜负了党和人民的信任，因此，对监察机关滥用职权的行为必须坚决予以打击，对负有责任的领导人员和直接责任人员依法给予处理。《监察法》第 65 条列举了九项属于监察机关及其工作人员违法行使职权的行为：①未经批准、授权处置问题线索，发现重大案情隐瞒不报，或者私自留存、处理涉案材料的；②利用职权或者职务上的影响干预调查工作、以案谋私的；③违法窃取、泄露调查工作信息，或者泄露举报事项、举报受理情况以及举报人信息的；④对被调查人或者涉案人员逼供、诱供，或者侮辱、打骂、虐待、体罚或者变相体罚的；⑤违反规定处置查封、扣押、冻结的财物的；⑥违反规定发生办案安全事故，或者发生安全事故后隐瞒不报、报告失实、处置不当的；⑦违反规定采取留置措施的；⑧违反规定限制他人出境，或者不按规定解除出境限制的；⑨其他滥用职权、玩忽职守、徇私舞弊的行为。

## 64. 监察法对监察机关国家赔偿责任的规定有哪些？

《监察法》第 67 条规定，监察机关及其工作人员行使职权，侵犯公民、法人和其他组织的合法权益造成损害的，依法给予国家赔偿。监察机关因其履行职责构成侵权，应承担赔偿责任时，一般要具备以下四个条件：①公民、法人或者其他组织受到的损害必须是监察机关或者监察人员违法行使职权所造成的。所谓“行使职权”，一般是指监察机关及其工作人员依据职责和权限所进行的活动。监察人员在从事与行使职权无关的个人活动给公民、法人或者其他组织造成损害的，监察机关不承担国家赔偿责任。②损害事实与违法行使职权的行为之间存在因果关系。违法行使职权的行为既包括侵犯公民、法人或者其他组织财产权的行为，如违法提请人民法院冻结案件涉嫌人员的存款等，也包括侵犯人身权的行为，如采取留置措施时超过法定期限等。③损害必须是现实已经产生或者必然产生的，是直接损害，不是间接的。④赔偿是法律规定的。国家赔偿责任是一种法律责任，只有当法律规定的各项条件具备后，国家才予以赔偿。受损害人提出国家赔偿请求，应当在法定范围和期限内依照法定程序提出。对于不符合法定条件，或者不属于法定赔偿范围的，国家不负责赔偿。公民、法人和其他组织请求监察机关给予国家赔偿的具体程序，按照国家赔偿法的有关规定执行，但目前国家赔偿法还没有这方面的规定，需要修改国家赔偿法增加监察机关的国家赔偿责任的内容。

### 65. 监察法什么时候施行？

《监察法》第 69 条规定，监察法“本法自公布之日起施行”。监察法是 2018 年 3 月 20 日第十三届全国人民代表大会第一次会议通过并颁布的，因此实施日期也是 2018 年 3 月 20 日，实施的同时《中华人民共和国行政监察法》同时废止，主要目的是确保实现两部法律在时间效力上的无缝衔接，避免出现法律适用上的真空或者冲突。

附：

# 《中华人民共和国监察法》

（2018年3月20日第十三届全国人民代表大会第一次会议通过）

## 目　　录



## 第一章　总　　则

**第一条**　为了深化国家监察体制改革，加强对所有行使公权力的公职人员的监督，实现国家监察全面覆盖，深入开展反腐败工作，推进国家治理体系和治理能力现代化，根据宪法，制定本法。

**第二条**　坚持中国共产党对国家监察工作的领导，以马克思列宁主义、毛泽东思想、邓小平理论、“三个代表”重要思想、科学发展观、习近平新时代中国特色社会主义思想为指导，构建集中统一、权威高效的中国特色国家监察体制。

**第三条**　各级监察委员会是行使国家监察职能的专责机关，依照本法对所有行使公权力的公职人员（以下称公职人员）进行监察，调查职务违法和职务犯罪，开展廉政建设和反腐败工作，维护宪法和法律的尊严。

**第四条**　监察委员会依照法律规定独立行使监察权，不受行政机关、社会团体和个人的干涉。

监察机关办理职务违法和职务犯罪案件，应当与审判机关、检察机关、执法部门互相配合，互相制约。

监察机关在工作中需要协助的，有关机关和单位应当根据监察机关的要求依法予以协助。

**第五条**　国家监察工作严格遵照宪法和法律，以事实为根据，以法律为准绳；在适用法律上一律平等，保障当事人的合法权益；权责对等，严格监督；惩戒与教育相结合，宽严相济。

**第六条**　国家监察工作坚持标本兼治、综合治理，强化监督问责，严厉惩治腐败；深化改革、健全法治，有效制约和监督权力；加强法治教育和道德教育，弘扬中华优秀传统文化，构建不敢腐、不能腐、不想腐的长效机制。

## 第二章　监察机关及其职责

**第七条**　中华人民共和国国家监察委员会是最高监察机关。

省、自治区、直辖市、自治州、县、自治县、市、市辖区设立监察委员会。

**第八条**　国家监察委员会由全国人民代表大会产生，负责全国监察工作。

国家监察委员会由主任、副主任若干人、委员若干人组成，主任由全国人民代表大会选举，副主任、委员由国家监察委员会主任提请全国人民代表大会常务委员会任免。

国家监察委员会主任每届任期同全国人民代表大会每届任期相同，连续任职不得超过两届。

国家监察委员会对全国人民代表大会及其常务委员会负责，并接受其监督。

**第九条** 地方各级监察委员会由本级人民代表大会产生，负责本行政区域内的监察工作。

地方各级监察委员会由主任、副主任若干人、委员若干人组成，主任由本级人民代表大会选举，副主任、委员由监察委员会主任提请本级人民代表大会常务委员会任免。

地方各级监察委员会主任每届任期同本级人民代表大会每届任期相同。

地方各级监察委员会对本级人民代表大会及其常务委员会和上一级监察委员会负责，并接受其监督。

**第十条** 国家监察委员会领导地方各级监察委员会的工作，上级监察委员会领导下级监察委员会的工作。

**第十一条** 监察委员会依照本法和有关法律规定履行监督、调查、处置职责：

（一）对公职人员开展廉政教育，对其依法履职、秉公用权、廉洁从政从业以及道德操守情况进行监督检查；

（二）对涉嫌贪污贿赂、滥用职权、玩忽职守、权力寻租、利益输送、徇私舞弊以及浪费国家资财等职务违法和职务犯罪进行调查；

（三）对违法的公职人员依法作出政务处分决定；对履行职责不力、失职失责的领导人员进行问责；对涉嫌职务犯罪的，将调查结果移送人民检察院依法审查、提起公诉；向监察对象所在单位提出监察建议。

**第十二条** 各级监察委员会可以向本级中国共产党机关、国家机关、法律法规授权或者委托管理公共事务的组织和单位以及所管辖的行政区域、国有企业等派驻或者派出监察机构、监察专员。

监察机构、监察专员对派驻或者派出它的监察委员会负责。

**第十三条** 派驻或者派出的监察机构、监察专员根据授权，按照管理权限依法对公职人员进行监督，提出监察建议，依法对公职人员进行调查、处置。

**第十四条** 国家实行监察官制度，依法确定监察官的等级设置、任免、考评和晋升等制度。

## 第三章　监察范围和管辖

**第十五条**　监察机关对下列公职人员和有关人员进行监察：

（一）中国共产党机关、人民代表大会及其常务委员会机关、人民政府、监察委员会、人民法院、人民检察院、中国人民政治协商会议各级委员会机关、民主党派机关和工商业联合会机关的公务员，以及参照《中华人民共和国公务员法》管理的人员；

（二）法律、法规授权或者受国家机关依法委托管理公共事务的组织中从事公务的人员；

（三）国有企业管理人员；

（四）公办的教育、科研、文化、医疗卫生、体育等单位中从事管理的人员；

（五）基层群众性自治组织中从事管理的人员；

（六）其他依法履行公职的人员。

**第十六条**　各级监察机关按照管理权限管辖本辖区内本法第十五条规定的人员所涉监察事项。

上级监察机关可以办理下一级监察机关管辖范围内的监察事项，必要时也可以办理所辖各级监察机关管辖范围内的监察事项。

监察机关之间对监察事项的管辖有争议的，由其共同的上级监察机关确定。

**第十七条**　上级监察机关可以将其所管辖的监察事项指定下级监察机关管辖，也可以将下级监察机关有管辖权的监察事项指定给其他监察机关管辖。

监察机关认为所管辖的监察事项重大、复杂，需要由上级监察机关管辖的，可以报请上级监察机关管辖。

## 第四章　监察权限

**第十八条**　监察机关行使监督、调查职权，有权依法向有关单位和个人了解情况，收集、调取证据。有关单位和个人应当如实提供。

监察机关及其工作人员对监督、调查过程中知悉的国家秘密、商业秘密、个人隐私，应当保密。

任何单位和个人不得伪造、隐匿或者毁灭证据。

**第十九条** 对可能发生职务违法的监察对象，监察机关按照管理权限，可以直接或者委托有关机关、人员进行谈话或者要求说明情况。

**第二十条** 在调查过程中，对涉嫌职务违法的被调查人，监察机关可以要求其就涉嫌违法行为作出陈述，必要时向被调查人出具书面通知。

对涉嫌贪污贿赂、失职渎职等职务犯罪的被调查人，监察机关可以进行讯问，要求其如实供述涉嫌犯罪的情况。

**第二十一条** 在调查过程中，监察机关可以询问证人等人员。

**第二十二条** 被调查人涉嫌贪污贿赂、失职渎职等严重职务违法或者职务犯罪，监察机关已经掌握其部分违法犯罪事实及证据，仍有重要问题需要进一步调查，并有下列情形之一的，经监察机关依法审批，可以将其留置在特定场所：

（一）涉及案情重大、复杂的；

（二）可能逃跑、自杀的；

（三）可能串供或者伪造、隐匿、毁灭证据的；

（四）可能有其他妨碍调查行为的。

对涉嫌行贿犯罪或者共同职务犯罪的涉案人员，监察机关可以依照前款规定采取留置措施。

留置场所的设置、管理和监督依照国家有关规定执行。

**第二十三条** 监察机关调查涉嫌贪污贿赂、失职渎职等严重职务违法或者职务犯罪，根据工作需要，可以依照规定查询、冻结涉案单位和个人的存款、汇款、债券、股票、基金份额等财产。有关单位和个人应当配合。

冻结的财产经查明与案件无关的，应当在查明后三日内解除冻结，予以退还。

**第二十四条** 监察机关可以对涉嫌职务犯罪的被调查人以及可能隐藏被调查人或者犯罪证据的人的身体、物品、住处和其他有关地方进行搜查。在搜查时，应当出示搜查证，并有被搜查人或者其家属等见证人在场。

搜查女性身体，应当由女性工作人员进行。

监察机关进行搜查时，可以根据工作需要提请公安机关配合。公安机关应当依法予以协助。

**第二十五条** 监察机关在调查过程中，可以调取、查封、扣押用以证明被调查人涉嫌违法犯罪的财物、文件和电子数据等信息。采取调取、查封、扣押措施，应当收集原物原件，会同持有人或者保管人、见证人，当面逐一拍照、登记、编号，开列清单，由在场人员当场核对、签名，并将清单副本交财物、文件的持有人或者保管人。

对调取、查封、扣押的财物、文件，监察机关应当设立专用账户、专门场所，确定专门人员妥善保管，严格履行交接、调取手续，定期对账核实，不得毁损或者用于其他目的。对价值不明物品应当及时鉴定，专门封存保管。

查封、扣押的财物、文件经查明与案件无关的，应当在查明后三日内解除查封、扣押，予以退还。

**第二十六条** 监察机关在调查过程中，可以直接或者指派、聘请具有专门知识、资格的人员在调查人员主持下进行勘验检查。勘验检查情况应当制作笔录，由参加勘验检查的人员和见证人签名或者盖章。

**第二十七条** 监察机关在调查过程中，对于案件中的专门性问题，可以指派、聘请有专门知识的人进行鉴定。鉴定人进行鉴定后，应当出具鉴定意见，并且签名。

**第二十八条** 监察机关调查涉嫌重大贪污贿赂等职务犯罪，根据需要，经过严格的批准手续，可以采取技术调查措施，按照规定交有关机关执行。

批准决定应当明确采取技术调查措施的种类和适用对象，自签发之日起三个月以内有效；对于复杂、疑难案件，期限届满仍有必要继续采取技术调查措施的，经过批准，有效期可以延长，每次不得超过三个月。对于不需要继续采取技术调查措施的，应当及时解除。

**第二十九条** 依法应当留置的被调查人如果在逃，监察机关可以决定在本行政区域内通缉，由公安机关发布通缉令，追捕归案。通缉范围超出本行政区域的，应当报请有权决定的上级监察机关决定。

**第三十条** 监察机关为防止被调查人及相关人员逃匿境外，经省级以上监察机关批准，可以对被调查人及相关人员采取限制出境措施，由公安机关依法执行。对于不需要继续采取限制出境措施的，应当及时解除。

**第三十一条** 涉嫌职务犯罪的被调查人主动认罪认罚，有下列情形之一的，监察机关经领导人员集体研究，并报上一级监察机关批准，可以在移送人民检察院时提出从宽处罚的建议：

（一）自动投案，真诚悔罪悔过的；

（二）积极配合调查工作，如实供述监察机关还未掌握的违法犯罪行为的；

（三）积极退赃，减少损失的；

（四）具有重大立功表现或者案件涉及国家重大利益等情形的。

**第三十二条** 职务违法犯罪的涉案人员揭发有关被调查人职务违法犯罪行为，查证属实的，或者提供重要线索，有助于调查其他案件的，监察机关经领导人员集体研究，并报上一级监察机关批准，可以在移送人民检察院时提出从宽处罚的建议。

**第三十三条** 监察机关依照本法规定收集的物证、书证、证人证言、被调查人供述和辩解、视听资料、电子数据等证据材料，在刑事诉讼中可以作为证据使用。

监察机关在收集、固定、审查、运用证据时，应当与刑事审判关于证据的要求和标准相一致。

以非法方法收集的证据应当依法予以排除，不得作为案件处置的依据。

**第三十四条** 人民法院、人民检察院、公安机关、审计机关等国家机关在工作中发现公职人员涉嫌贪污贿赂、失职渎职等职务违法或者职务犯罪的问题线索，应当移送监察机关，由监察机关依法调查处置。

被调查人既涉嫌严重职务违法或者职务犯罪，又涉嫌其他违法犯罪的，一般应当由监察机关为主调查，其他机关予以协助。

## 第五章 监察程序

**第三十五条** 监察机关对于报案或者举报，应当接受并按照有关规定处理。对于不属于本机关管辖的，应当移送主管机关处理。

**第三十六条** 监察机关应当严格按照程序开展工作，建立问题线索处置、调查、审理各部门相互协调、相互制约的工作机制。

监察机关应当加强对调查、处置工作全过程的监督管理，设立相应的工作部门履行线索管理、监督检查、督促办理、统计分析等管理协调职能。

**第三十七条** 监察机关对监察对象的问题线索，应当按照有关规定提出处置意见，履行审批手续，进行分类办理。线索处置情况应当定期汇总、通报，定期检查、抽查。

**第三十八条** 需要采取初步核实方式处置问题线索的，监察机关应当依法履行审批程序，成立核查组。初步核实工作结束后，核查组应当撰写初步核实情况报告，提出处理建议。承办部门应当提出分类处理意见。初步核实情况报告和分类处理意见报监察机关主要负责人审批。

**第三十九条** 经过初步核实，对监察对象涉嫌职务违法犯罪，需要追究法律责任的，监察机关应当按照规定的权限和程序办理立案手续。

监察机关主要负责人依法批准立案后，应当主持召开专题会议，研究确定调查方案，决定需要采取的调查措施。

立案调查决定应当向被调查人宣布，并通报相关组织。涉嫌严重职务违法或者职务犯罪的，应当通知被调查人家属，并向社会公开发布。

**第四十条** 监察机关对职务违法和职务犯罪案件，应当进行调查，收集被调查人有无违法犯罪以及情节轻重的证据，查明违法犯罪事实，形成相互印证、完整稳定的证据链。

严禁以威胁、引诱、欺骗及其他非法方式收集证据，严禁侮辱、打骂、虐待、体罚或者变相体罚被调查人和涉案人员。

**第四十一条** 调查人员采取讯问、询问、留置、搜查、调取、查封、扣押、勘验检查等调查措施，均应当依照规定出示证件，出具书面通知，由二人以上进行，形成笔录、报告等书面材料，并由相关人员签名、盖章。

调查人员进行讯问以及搜查、查封、扣押等重要取证工作，应当对全过程进行录音录像，留存备查。

**第四十二条** 调查人员应当严格执行调查方案，不得随意扩大调查范围、变更调查对象和事项。

对调查过程中的重要事项，应当集体研究后按程序请示报告。

**第四十三条** 监察机关采取留置措施，应当由监察机关领导人员集体研究决定。设区的市级以下监察机关采取留置措施，应当报上一级监察机关批准。省级监察机关采取留置措施，应当报国家监察委员会备案。

留置时间不得超过三个月。在特殊情况下，可以延长一次，延长时间不得超过三个月。省级以下监察机关采取留置措施的，延长留置时间应当报上一级监察机关批准。监察机关发现采取留置措施不当的，应当及时解除。

监察机关采取留置措施，可以根据工作需要提请公安机关配合。公安机关应当依法予以协助。

**第四十四条** 对被调查人采取留置措施后，应当在二十四小时以内，通知被留置人员所在单位和家属，但有可能毁灭、伪造证据，干扰证人作证或者串供等有碍调查情形的除外。有碍调查的情形消失后，应当立即通知被留置人员所在单位和家属。

监察机关应当保障被留置人员的饮食、休息和安全，提供医疗服务。讯问被留置人员应当合理安排讯问时间和时长，讯问笔录由被讯问人阅看后签名。

被留置人员涉嫌犯罪移送司法机关后，被依法判处管制、拘役和有期徒刑的，留置一日折抵管制二日，折抵拘役、有期徒刑一日。

**第四十五条** 监察机关根据监督、调查结果，依法作出如下处置：

（一）对有职务违法行为但情节较轻的公职人员，按照管理权限，直接或者委托有关机关、人员，进行谈话提醒、批评教育、责令检查，或者予以诫勉；

（二）对违法的公职人员依照法定程序作出警告、记过、记大过、降级、撤职、开除等政务处分决定；

（三）对不履行或者不正确履行职责负有责任的领导人员，按照管理权限对其直接作出问责决定，或者向有权作出问责决定的机关提出问责建议；

（四）对涉嫌职务犯罪的，监察机关经调查认为犯罪事实清楚，证据确实、充分的，制作起诉意见书，连同案卷材料、证据一并移送人民检察院依法审查、提起公诉；

（五）对监察对象所在单位廉政建设和履行职责存在的问题等提出监察建议。

监察机关经调查，对没有证据证明被调查人存在违法犯罪行为的，应当撤销案件，并通知被调查人所在单位。

**第四十六条** 监察机关经调查，对违法取得的财物，依法予以没收、追缴或者责令退赔；对涉嫌犯罪取得的财物，应当随案移送人民检察院。

**第四十七条** 对监察机关移送的案件，人民检察院依照《中华人民共和国刑事诉讼法》对被调查人采取强制措施。

人民检察院经审查，认为犯罪事实已经查清，证据确实、充分，依法应当追究刑事责任的，应当作出起诉决定。

人民检察院经审查，认为需要补充核实的，应当退回监察机关补充调查，必要时可以自行补充侦查。对于补充调查的案件，应当在一个月内补充调查完毕。补充调查以二次为限。

人民检察院对于有《中华人民共和国刑事诉讼法》规定的不起诉的情形的，经上一级人民检察院批准，依法作出不起诉的决定。监察机关认为不起诉的决定有错误的，可以向上一级人民检察院提请复议。

**第四十八条** 监察机关在调查贪污贿赂、失职渎职等职务犯罪案件过程中，被调查人逃匿或者死亡，有必要继续调查的，经省级以上监察机关批准，应当继续调查并作出结论。被调查人逃匿，在通缉一年后不能到案，或者死亡的，由监察机关提请人民检察院依照法定程序，向人民法院提出没收违法所得的申请。

**第四十九条** 监察对象对监察机关作出的涉及本人的处理决定不服的，可以在收到处理决定之日起一个月内，向作出决定的监察机关申请复审，复审机关应当在一个月内作出复审决定；监察对象对复审决定仍不服的，可以在收到复审决定之日起一个月内，向上一级监察机关申请复核，复核机关应当在二个月内作出复核决定。复审、复核期间，不停止原处理决定的执行。复核机关经审查，认定处理决定有错误的，原处理机关应当及时予以纠正。

## 第六章 反腐败国际合作

**第五十条** 国家监察委员会统筹协调与其他国家、地区、国际组织开展的反腐败国际交流、合作，组织反腐败国际条约实施工作。

**第五十一条** 国家监察委员会组织协调有关方面加强与有关国家、地区、国际组织在反腐败执法、引渡、司法协助、被判刑人的移管、资产追回和信息交流等领域的合作。

**第五十二条** 国家监察委员会加强对反腐败国际追逃追赃和防逃工作的组织协调，督促有关单位做好相关工作：

（一）对于重大贪污贿赂、失职渎职等职务犯罪案件，被调查人逃匿到国（境）外，掌握证据比较确凿的，通过开展境外追逃合作，追捕归案；

（二）向赃款赃物所在国请求查询、冻结、扣押、没收、追缴、返还涉案资产；

（三）查询、监控涉嫌职务犯罪的公职人员及其相关人员进出国（境）和跨境资金流动情况，在调查案件过程中设置防逃程序。

## 第七章　对监察机关和监察人员的监督

**第五十三条** 各级监察委员会应当接受本级人民代表大会及其常务委员会的监督。

各级人民代表大会常务委员会听取和审议本级监察委员会的专项工作报告，组织执法检查。

县级以上各级人民代表大会及其常务委员会举行会议时，人民代表大会代表或者常务委员会组成人员可以依照法律规定的程序，就监察工作中的有关问题提出询问或者质询。

**第五十四条** 监察机关应当依法公开监察工作信息，接受民主监督、社会监督、舆论监督。

**第五十五条** 监察机关通过设立内部专门的监督机构等方式，加强对监察人员执行职务和遵守法律情况的监督，建设忠诚、干净、担当的监察队伍。

**第五十六条** 监察人员必须模范遵守宪法和法律，忠于职守、秉公执法，清正廉洁、保守秘密；必须具有良好的政治素质，熟悉监察业务，具备运用法律、法规、政策和调查取证等能力，自觉接受监督。

**第五十七条** 对于监察人员打听案情、过问案件、说情干预的，办理监察事项的监察人员应当及时报告。有关情况应当登记备案。

发现办理监察事项的监察人员未经批准接触被调查人、涉案人员及其特定关系人，或者存在交往情形的，知情人应当及时报告。有关情况应当登记备案。

**第五十八条** 办理监察事项的监察人员有下列情形之一的，应当自行回避，监察对象、检举人及其他有关人员也有权要求其回避：

（一）是监察对象或者检举人的近亲属的；

（二）担任过本案的证人的；

（三）本人或者其近亲属与办理的监察事项有利害关系的；

（四）有可能影响监察事项公正处理的其他情形的。

**第五十九条** 监察机关涉密人员离岗离职后，应当遵守脱密期管理规定，严格履行保密义务，不得泄露相关秘密。

监察人员辞职、退休三年内，不得从事与监察和司法工作相关联且可能发生利益冲突的职业。

**第六十条** 监察机关及其工作人员有下列行为之一的，被调查人及其近亲属有权向该机关申诉：

（一）留置法定期限届满，不予以解除的；

（二）查封、扣押、冻结与案件无关的财物的；

（三）应当解除查封、扣押、冻结措施而不解除的；

（四）贪污、挪用、私分、调换以及违反规定使用查封、扣押、冻结的财物的；

（五）其他违反法律法规、侵害被调查人合法权益的行为。

受理申诉的监察机关应当在受理申诉之日起一个月内作出处理决定。申诉人对处理决定不服的，可以在收到处理决定之日起一个月内向上一级监察机关申请复查，上一级监察机关应当在收到复查申请之日起二个月内作出处理决定，情况属实的，及时予以纠正。

**第六十一条** 对调查工作结束后发现立案依据不充分或者失实，案件处置出现重大失误，监察人员严重违法的，应当追究负有责任的领导人员和直接责任人员的责任。

## 第八章 法律责任

**第六十二条** 有关单位拒不执行监察机关作出的处理决定，或者无正当理由拒不采纳监察建议的，由其主管部门、上级机关责令改正，对单位给予通报批评；对负有责任的领导人员和直接责任人员依法给予处理。

**第六十三条** 有关人员违反本法规定，有下列行为之一的，由其所在单位、主管部门、上级机关或者监察机关责令改正，依法给予处理：

（一）不按要求提供有关材料，拒绝、阻碍调查措施实施等拒不配合监察机关调查的；

（二）提供虚假情况，掩盖事实真相的；

（三）串供或者伪造、隐匿、毁灭证据的；

（四）阻止他人揭发检举、提供证据的；

（五）其他违反本法规定的行为，情节严重的。

**第六十四条** 监察对象对控告人、检举人、证人或者监察人员进行报复陷害的；控告人、检举人、证人捏造事实诬告陷害监察对象的，依法给予处理。

**第六十五条** 监察机关及其工作人员有下列行为之一的，对负有责任的领导人员和直接责任人员依法给予处理：

（一）未经批准、授权处置问题线索，发现重大案情隐瞒不报，或者私自留存、处理涉案材料的；

（二）利用职权或者职务上的影响干预调查工作、以案谋私的；

（三）违法窃取、泄露调查工作信息，或者泄露举报事项、举报受理情况以及举报人信息的；

（四）对被调查人或者涉案人员逼供、诱供，或者侮辱、打骂、虐待、体罚或者变相体罚的；

（五）违反规定处置查封、扣押、冻结的财物的；

（六）违反规定发生办案安全事故，或者发生安全事故后隐瞒不报、报告失实、处置不当的；

（七）违反规定采取留置措施的；

（八）违反规定限制他人出境，或者不按规定解除出境限制的；

（九）其他滥用职权、玩忽职守、徇私舞弊的行为。

**第六十六条** 违反本法规定，构成犯罪的，依法追究刑事责任。

**第六十七条** 监察机关及其工作人员行使职权，侵犯公民、法人和其他组织的合法权益造成损害的，依法给予国家赔偿。

## 第九章 附 则

**第六十八条** 中国人民解放军和中国人民武装警察部队开展监察工作，由中央军事委员会根据本法制定具体规定。

**第六十九条** 本法自公布之日起施行。《中华人民共和国行政监察法》同时废止。

# 《中华人民共和国国家安全法》知识问答

## 1. 为什么制定新的《中华人民共和国国家安全法》?

1993 年我国曾制定过《中华人民共和国国家安全法》（以下简称《国家安全法》），当时我们对国家安全的理解，主要指国家主权、领土完整和人民民主专政的国家政权不受威胁和侵犯。因为国际国内形势的变化、科技的进步、社会的发展等因素，近年来国家安全的内涵和外延发生了巨大变化，除了政治、国土、军事以外，还包括科技、信息、生态、资源等诸多方面。因此，2015 年 7 月，我国又制定了新的国家安全法，共分 7 章 84 条。该法第 1 条开宗明义：为了维护国家安全，保卫人民民主专政的政权和中国特色社会主义制度，保护人民的根本利益，保障改革开放和社会主义现代化建设的顺利进行，实现中华民族伟大复兴，根据宪法，制定本法。

制定新的国家安全法的目的，就是为了应对国家面临的安全挑战，将总体国家安全观法律化、制度化。新的国家安全法是一部综合性、全局性、基础性的法律，涵盖了国家安全的各个领域，对很多内容做了原则性的规定，重点解决国家安全涉及的各个领域的带有普遍性的问题。同时为今后制定相关配套法律法规，构建国家安全法律制度体系打下了基础。

## 2. 什么是国家安全?

《国家安全法》第 2 条规定，国家安全是指国家政权、主权、统一和领土完整、人民福祉、经济社会可持续发展和国家其他重大利益相对处于没有危险和不受内外威胁的状态，以及保障持续安全状态的能力。根据该条的规定，国家安全是一个国家的基本利益，是国家独立自主地生存、发展的权利和利益的总和，包括国家政治体制不受侵犯；经济发展、民族团结、社会安定不受威胁；国家秘密不被窃取；国家工作人员不被策反；国家机构不被渗透；人民生命、财产不受外来势力的侵犯等。

国家主席习近平指出，我国要构建集政治安全、国土安全、军事安全、经济安全、文化安全、社会安全、科技安全、信息安全、生态安全、资源安全、核安全等于一体的国家安全体系，系统的提出了11种安全。虽然世界各国对国家安全的理解不完全相同，但有一点是共同的，就是国家安全维护的是一个国家的核心利益，有的国家将其称为“生死攸关的利益”“极端重要利益”。任何一个国家在维护国家安全面前，都会态度坚决、不容妥协、不容干涉。

### 3. 什么是总体国家安全观？

《国家安全法》第3条规定，国家安全工作应当坚持总体国家安全观，以人民安全为宗旨，以政治安全为根本，以经济安全为基础，以军事、文化、社会安全为保障，以促进国际安全为依托，维护各领域国家安全，构建国家安全体系，走中国特色国家安全道路。

2014年4月15日，中共中央总书记、国家主席、中央军委主席、中央国家安全委员会主席习近平在主持召开中央国家安全委员会第一次会议并发表重要讲话时，首次提出总体国家安全观这一概念。习近平强调，要准确把握国家安全形势变化新特点、新趋势，坚持总体国家安全观，走出一条中国特色国家安全道路。

贯彻落实总体国家安全观，必须既重视外部安全，又重视内部安全，对内求发展、求变革、求稳定、建设平安中国，对外求和平、求合作、求共赢、建设和谐世界；既重视国土安全，又重视国民安全，坚持以民为本、以人为本，坚持国家安全一切为了人民、一切依靠人民，真正夯实国家安全的群众基础；既重视传统安全，又重视非传统安全；既重视发展问题，又重视安全问题，发展是安全的基础，安全是发展的条件，富国才能强兵，强兵才能卫国；既重视自身安全，又重视共同安全，打造命运共同体，推动各方朝着互利互惠、共同安全的目标相向而行。总体国家安全观，继承和发展了新中国成立以来不同时期的国家安全战略思想，着眼当代中国安全形势和安全需求，地位重要、内涵丰富。

总体国家安全观贯穿于整部国家安全法，在各个章节均有体现，是国家安全工作的指导思想。

## 4. 国家安全法对我国的国家安全领导体制是如何规定的？

《国家安全法》第 4 条规定：坚持中国共产党对国家安全工作的领导，建立集中统一、高效权威的国家安全领导体制。

我国宪法明确规定了中国共产党的领导地位，而国家安全工作是定国安邦的重要基石，必须毫不动摇地坚持中国共产党的绝对领导。2013 年 3 月，经中国共产党第十八届中央委员会第三次全体会议决定，成立了“中国共产党中央国家安全委员会”，一般称为“中央国安委”或“国安委”，下设常务委员和委员若干名，其成立目的在于完善国家安全体制和国家安全战略，确保国家安全。根据《国家安全法》第 5 条的规定，中央国家安全领导机构的主要职责是：负责国家安全工作的决策和议事协调，研究制定、指导实施国家安全战略和有关重大方针政策，统筹协调国家安全重大事项和重要工作，推动国家安全法治建设。

## 5. 什么是国家安全战略？

《国家安全法》第 6 条规定：国家制定并不断完善国家安全战略，全面评估国际、国内安全形势，明确国家安全战略的指导方针、中长期目标、重点领域的国家安全政策、工作任务和措施。

国家安全战略是指从国家和国际的全局高度筹划和指导维护国家安全利益的方略，是关于国家安全目标、方针、途径和手段等宏观和长远的筹划，是维护国家根本利益的集中体现，是综合运用国家军事、经济、外交、政治、文化等多种手段应对国内外敌对威胁和挑战的顶层设计。党的十六届四中全会报告首次提出“国家安全战略”概念，2015 年 1 月，中央政治局审议并通过了《国家安全战略纲要》，明确提出：在新形势下维护国家安全，必须坚持以总体国家安全观为指导，坚决维护国家核心和重大利益，以人民安全为宗旨，在发展和改革开放中促安全，走中国特色国家安全道路。要做好各领域国家安全工作，大力推进国家安全各种保障能力建设，把法治贯穿维护国家安全的全过程。制定和实施《国家安全战略纲要》，是有效维护国家安全的迫切需要，是完善中国特色社会主义制度、推进国家治理体系和治理能力现代化的必然要求。

## 6. 国家安全工作的原则是什么?

《国家安全法》的第 7 ~ 10 条规定了我国国家安全工作的基本原则，分别如下。

法治原则、尊重和保护人权原则。《国家安全法》第 7 条规定，维护国家安全，应当遵守宪法和法律，坚持社会主义法治原则，尊重和保障人权，依法保护公民的权利和自由。

统筹兼顾原则。《国家安全法》第 8 条规定，维护国家安全，应当与经济社会发展相协调。国家安全工作应当统筹内部安全和外部安全、国土安全和国民安全、传统安全和非传统安全、自身安全和共同安全。

标本兼治、专群结合原则。《国家安全法》第 9 条规定，维护国家安全，应当坚持预防为主、标本兼治，专门工作与群众路线相结合，充分发挥专门机关和其他有关机关维护国家安全的职能作用，广泛动员公民和组织，防范、制止和依法惩治危害国家安全的行为。

共同安全原则。《国家安全法》第 10 条规定，维护国家安全，应当坚持互信、互利、平等、协作，积极同外国政府和国际组织开展安全交流合作，履行国际安全义务，促进共同安全，维护世界和平。

## 7. 维护国家安全为什么是一项全民义务?

《国家安全法》第 11 条规定，中华人民共和国公民、一切国家机关和武装力量、各政党和各人民团体、企业事业组织和其他社会组织，都有维护国家安全的责任和义务。中国的主权和领土完整不容侵犯和分割。维护国家主权、统一和领土完整是包括港澳同胞和台湾同胞在内的全中国人民的共同义务。根据该条规定，维护国家安全是我国的一项全民义务。

《宪法》第 52 条规定，中华人民共和国公民有维护国家统一和全国各民族团结的义务。第 54 条规定，中华人民共和国公民有维护祖国的安全、荣誉和利益的义务，不得有危害祖国的安全、荣誉和利益的行为。第 55 条规定，保卫祖国、抵抗侵略是中华人民共和国每一个公民的神圣职责。依据我国宪法的这些规定，《国家安全法》第 11 条将维护国家安全规定为一项全民义务。

同时，《国家安全法》第 12 条规定，国家对在维护国家安全工作中作出突出贡献的个人和组织给予表彰和奖励。第 13 条规定，国家机关工作人员在国家安全工作和涉及国家安全活动中，滥用职权、玩忽职守、徇私舞弊的，依法追究法律责任。任何个人和组织违反本法和有关法律，不履行维护国家安全义务或者从事危害国家安全活动的，依法追究法律责任。

为了更好地宣传国家安全法，进行国家安全教育，提升全社会、全民的国家安全意识，《国家安全法》第 14 条还将每年的 4 月 15 日规定为全民国家安全教育日。

### 8. 维护国家安全的任务有哪些?

《国家安全法》第二章规定，维护国家安全一共有 20 项任务，分别是：维护政治安全的任务（第 15 条）、维护人民安全的任务（第 16 条）、维护国土安全的任务（第 17 条）、维护军事安全的任务（第 18 条）、维护经济安全的任务（第 19 条）、维护金融安全的任务（第 20 条）、维护资源能源安全的任务（第 21 条）、维护粮食安全的任务（第 22 条）、维护文化安全的任务（第 23 条）、维护科技安全的任务（第 24 条）、维护网络信息安全的任务（第 25 条）、民族领域维护国家安全的任务（第 26 条）、宗教领域维护国家安全的任务（第 27 条）、防范和处置恐怖主义、极端主义的任务（第 28 条）、维护社会安全的任务（第 29 条）、维护生态安全的任务（第 30 条）、维护核安全的任务（第 31 条）、维护新型领域安全的任务（第 32 条）、维护国家海外利益安全的任务（第 33 条）、其他维护国家安全的任务（第 34 条），即《国家安全法》第 34 条规定的：国家根据经济社会发展和国家发展利益的需要，不断完善维护国家安全的任务。

### 9. 维护政治安全的主要任务有哪些?

《国家安全法》第 15 条规定，国家坚持中国共产党的领导，维护中国特色社会主义制度，发展社会主义民主政治，健全社会主义法治，强化权力运行制约和监督机制，保障人民当家做主的各项权利。国家防范、制止和依法惩治任何叛国、分裂国家、煽动叛乱、颠覆或者煽动颠覆人民民主专政政权的行为；防范、制止和依法惩治窃取、泄露国家秘密等危害国家安全的行为；防范、制止和依法惩治境外势力的渗透、破坏、颠覆、分裂活动。

根据该条规定，维护政治安全任务的主要内容包括：①坚持中国共产党的领导；②维护中国特色社会主义制度；③发展社会主义民主政治；④健全社会主义法治；⑤强化权力运行制约和监督机制；⑥保障人民当家做主的各项权利；⑦依法防范、制止和惩治危害国家政治安全的行为。这些行为主要包括：叛国、分裂国家、煽动叛乱、颠覆或者煽动颠覆人民民主专政政权的行为；窃取、泄露国家秘密等危害国家安全的行为；境外势力的渗透、破坏、颠覆、分裂活动。

我国刑法对危害国家政治安全的犯罪也作出了规定，主要包括：背叛国家罪，分裂国家罪，煽动分裂国家罪，武装叛乱、暴乱罪，颠覆国家政权罪，煽动颠覆国家政权罪，为境外窃取、刺探、收买、非法提供国家秘密、情报罪，资敌罪等。

### 10. 维护人民安全的主要任务有哪些？

《国家安全法》第16条规定，国家维护和发展最广大人民的根本利益，保卫人民安全，创造良好生存发展条件和安定工作生活环境，保障公民的生命财产安全和其他合法权益。

我国是人民当家做主的国家，一切权力属于人民；我们党的根本宗旨是全心全意为人民服务，以保障人民根本利益为出发点和落脚点。因此，维护人民安全是维护我国国家安全的重要领域。根据《国家安全法》第16条的规定，维护人民安全的主要任务包括：①维护和发展最广大人民的根本利益；这是维护人民安全的价值追求。②保卫人民安全；这是维护人民安全的核心任务。③创造良好生存发展条件和安定工作生活环境；这是人民得以安全所需的条件和环境。④保障公民的生命财产安全和其他合法权益。

### 11. 维护国土安全、军事安全的主要任务有哪些？

《国家安全法》第17条规定，国家加强边防、海防和空防建设，采取一切必要的防卫和管控措施，保卫领陆、内水、领海和领空安全，维护国家领土主权和海洋权益。

根据该条规定，维护国土安全的主要目标是：保卫领陆、内水、领海和领空安全，维护国家领土主权和海洋权益。根据相关法律，“海洋权益”主要包括：①一切属于我国的岛屿和群岛的主权不受侵犯。②我国对于领海、领海上空、领海的海床及底土都享有主权权利。外国非军用船舶，享有依法无害通过我国领海的权利，但是外国军用船舶进入我国领海，须经我国政府批准。任何国际组织、外国的组织或者个人在我国领海内进行科学研究、海洋作业等活动，须经我国政府或者有关主管部门批准，遵守我国法律法规。③我国在毗连区内的权力主要包括管制权和紧追权，即在有关安全、海关、财政、卫生或者入境出境管理方面行使管制权；以及我国有关主管机关有充分理由认为外国船舶违反我国法律法规时，对该外国船舶行使紧追权。④我国在专属经济区和大陆架，涉及对渔业和矿产等自然资源的勘察、开发、养护和管理，以及海洋科学研究和海洋环境保护等方面，行使主权权利和管辖权。⑤我国享有的历史性权利。

维护国土安全的主要手段包括：①加强边防、海防和空防建设。②采取一切必要的防卫和管控措施。“一切必要的措施”涵盖了政治、经济、外交、军事、科技、教育等各个方面，既包括和平的措施；也包括非和平的措施；既包括对外措施，也包括对内措施。

维护国土安全离不开军队，军队也是整个国家安全的坚强柱石，强军才能卫国、强国必须强军，军事安全是国家安全的重要领域。因此，《国家安全法》第 18 条规定，国家加强武装力量革命化、现代化、正规化建设，建设与保卫国家安全和发展利益需要相适应的武装力量；实施积极防御军事战略方针，防备和抵御侵略，制止武装颠覆和分裂；开展国际军事安全合作，实施联合国维和、国际救援、海上护航和维护国家海外利益的军事行动，维护国家主权、安全、领土完整、发展利益和世界和平。

根据该条规定，我国的武装力量在维护国家安全中的主要职责包括：①实施积极防御军事战略方针，防备和抵御侵略，制止武装颠覆和分裂；②实施联合国维和、国际救援、海上护航和维护国家海外利益的军事行动。

### 12. 维护经济安全、金融安全的主要任务有哪些？

经济是一个国家的命脉，经济主权是国家主权的重要组成部分，维护经济安全是维护国家安全的基础也是总体国家安全观的要求。因此，《国家安全法》第 19 条规定，国家维护国家基本经济制度和社会主义市场经济秩序，健全预防和化解经济安全风险的制度机制，保障关系国民经济命脉的重要行业和关键领域、重点产业、重大基础设施和重大建设项目以及其他重大经济利益安全。

金融业是经济领域的一个高风险行业，金融风险突发性强、波及面广、危害大，一旦爆发重大问题，会危及经济、社会甚至政治稳定，必须予以防范。《国家安全法》第 20 条规定，国家健全金融宏观审慎管理和金融风险防范、处置机制，加强金融基础设施和基础能力建设，防范和化解系统性、区域性金融风险，防范和抵御外部金融风险的冲击。

2017 年 4 月 25 日，中共中央政治局就维护国家金融安全进行第四十次集体学习。习近平在主持学习时强调，金融安全是国家安全的重要组成部分，是经济平稳健康发展的重要基础。维护金融安全，是关系我国经济社会发展全局的一件带有战略性、根本性的大事。金融活，经济活；金融稳，经济稳。必须充分认识金融在经济发展和社会生活中的重要地位和作用，切实把维护金融安全作为治国理政的一件大事，扎扎实实把金融工作做好。并就维护金融安全提出了六项任务：①深化金融改革，完善金融体系，推进金融业公司治理改革，强化审慎合规经营理念，推动金融机构切实承担起风险管理责任，完善市场规则，健全市场化、法治化违约处置机制。②加强金融监管，统筹监管系统重要性金融机构，统筹监管金融控股公司和重要金融基础设施，统筹负责金融业综合统计，确保金融系统良性运转，确保管理部门把住重点环节，确保风险防控耳聪目明，形成金融发展和监管强大合力，补齐监管短板，避免监管空白。③采取措施处置风险点，着力控制增量，积极处置存量，打击逃废债行为，控制好杠杆率，加大对市场违法违规行为打击力度，重点针对金融市场和互联网金融开展全面摸排和查处。④为实体经济发展创造良好金融环境，疏通金融进入实体经济的渠道，积极规范发展多层次资本市场，扩大直接融资，加强信贷政策指引，鼓励金融机构加大对先进制造业等领域的资金支持，推进供给侧结构性改革。⑤提高领导干部金融工作能力，领导干部特别是高级干部要努力学习金融知识，熟悉金融业务，把握金融规律，既要学会用金融手段促进经济社会发展，又要学会防范和化解金融风险，强化监管意识，提高监管效率。⑥加强党对金融工作的领导，坚持党中央集中统一领导，完善党领导金融工作的体制机制，加强制度化建设，完善定期研究金融发展战略、分析金融形势、决定金融方针政策的工作机制，提高金融决策科学化水平。金融部门要按照职能分工，负起责任。地方各级党委和政府要按照党中央决策部署，做好本地区金融发展和稳定工作，做到守土有责，形成全国一盘棋的金融风险防控格局。

### 13. 维护资源能源安全的主要任务有哪些？

资源能源是指为人类提供能量的天然物质。它包括煤、石油、天然气、水能等，也包括太阳能、风能、生物质能、地热能、海洋能、核能等新能源。资源能源是一种综合的自然资源。资源能源是一个国家经济、社会可以持续、稳定发展的重要基础。资源能源安全是非传统国家安全的一个重要组成部分，并与环境安全、生态安全、粮食安全、经济安全等有着密切联系。当今的资源能源安全主要包括以下五个方面：①物质安全，能源资产、基础设施、供应链和贸易路线的安全以及紧急情况下必要和迅速的能源资产、基础设施、供应链和贸易路线的替代。②资源能源获取最为关键，不论是物质上的，还是合同上的、抑或是商业上的开发和获取能源供应的能力。③资源能源安全是一种系统或体系，由国家政策和国际机制构成，旨在于对供应中断、油价暴涨等紧急情况，以合作和协调的方式迅速做出反应，以维持资源能源供应的稳定性。④资源能源安全与投资紧密相关，需要足够的政策支持和安全的商业环境，需要鼓励投资，确保充足和及时的资源能源供应。⑤资源能源安全与环境安全等问题密切联系。

为了维护资源能源安全，《国家安全法》第 21 条规定，国家合理利用和保护资源能源，有效管控战略资源能源的开发，加强战略资源能源储备，完善资源能源运输战略通道建设和安全保护措施，加强国际资源能源合作，全面提升应急保障能力，保障经济社会发展所需的资源能源持续、可靠和有效供给。

### 14. 维护粮食安全的主要任务有哪些？

《国家安全法》第 22 条规定，国家健全粮食安全保障体系，保护和提高粮食综合生产能力，完善粮食储备制度、流通体系和市场调控机制，健全粮食安全预警制度，保障粮食供给和质量安全。

粮稳天下安，粮食安全是实现我国经济发展、社会稳定、国家总体安全的重要基础。根据该条规定，维护粮食安全的主要任务包括：①健全国家粮食安全保障体系，实施以我国为主、立足国内、确保产量、适度进口、科技支撑的国家粮食安全战略。②保护和提高粮食综合生产能力，一方面严格落实耕地保护制度，一方面多措并举，如在政策、资金、技术等方面对粮食主产区给予重点扶持等。③完善粮食储备制度，包括中央战略专项储备与调节周转储备相结合、中央储备与地方储备相结合、国家储备与社会储备相结合等制度。④完善流通体系和市场调控机制，确保粮食供应和价格基本稳定。⑤健全粮食安全预警制度，一是建立突发事件的国家粮食应急体系，二是制定粮食安全保障目标与粮食储备数量指标。⑥在保障粮食数量供给的情况下，更加注重粮食的质量安全。

## 15. 维护文化安全、科技安全、网络信息安全的主要任务有哪些？

《国家安全法》第23条规定，国家坚持社会主义先进文化前进方向，继承和弘扬中华民族优秀传统文化，培育和践行社会主义核心价值观，防范和抵制不良文化的影响，掌握意识形态领域主导权，增强文化整体实力和竞争力。文化是民族的血脉，是人民的精神家园。根据该条规定，维护文化安全，主要包括国家的文化主权和文化尊严不受侵犯，文化传统和文化选择得到尊重，与经济基础和社会政治制度相适应的意识形态占据主导地位等。

《国家安全法》第24条规定，国家加强自主创新能力建设，加快发展自主可控的战略高新技术和重要领域核心关键技术，加强知识产权的运用、保护和科技保密能力建设，保障重大技术和工程的安全。科学技术是第一生产力，科技兴则民族兴，科技强则国家强。维护科技安全就是要加强自主创新能力、掌握核心关键技术，使我国的国家利益免受国外科技优势的威胁。同时，加强知识产权建设，保障重大技术和工程的安全。

当今社会，互联网已经融入了人们生活的方方面面，深刻改变了人们的生产和生活方式，网络和信息安全也牵涉到国家安全和社会稳定。党的十八届三中全会决议提出“坚持积极利用、科学发展、依法管理、确保安全的方针，加大依法管理网络力度，加快完善互联网管理领导体制，确保国家网络安全。”《国家安全法》第25条也规定，国家建设网络与信息安全保障体系，提升网络与信息安全保护能力，加强网络和信息技术的创新研究和开发应用，实现网络和信息核心技术、关键基础设施和重要领域信息系统及数据的安全可控；加强网络管理，防范、制止和依法惩治网络攻击、网络入侵、网络窃密、散布违法有害信息等网络违法犯罪行为，维护国家网络空间主权、安全和发展利益。

**16. 我国在民族领域维护国家安全的主要任务有哪些？**

《国家安全法》第26条规定，国家坚持和完善民族区域自治制度，巩固和发展平等团结互助和谐的社会主义民族关系。坚持各民族一律平等，加强民族交往、交流、交融，防范、制止和依法惩治民族分裂活动，维护国家统一、民族团结和社会和谐，实现各民族共同团结奋斗、共同繁荣发展。

我国是一个统一的多民族国家，我党自成立以后，就非常重视民族问题，并实施了符合我国国情的民族区域自治制度，对巩固和发展平等团结互助和谐的社会主义民族关系发挥了重要作用。考虑到新形势下维护国家安全和民族团结的需要，国家安全法做了该条规定。

**17. 我国在宗教领域维护国家安全的主要任务有哪些？**

宗教问题具有长期性、群众性和复杂性，关系党和国家的工作全局，关系社会的稳定和国家的长治久安。《国家安全法》第27条规定，国家依法保护公民宗教信仰自由和正常宗教活动，坚持宗教独立自主自办的原则，防范、制止和依法惩治利用宗教名义进行危害国家安全的违法犯罪活动，反对境外势力干涉境内宗教事务，维护正常宗教活动秩序。国家依法取缔邪教组织，防范、制止和依法惩治邪教违法犯罪活动。

根据该条规定，我国在宗教领域维护国家安全的主要任务有：①依法保护公民宗教信仰自由和正常宗教活动，这是由我国宪法规定的；②坚持宗教独立自主自办的原则，宗教团体、活动场所和事务不受外国势力的支配；③防范、制止和依法惩治利用宗教名义进行危害国家安全的违法犯罪活动；④依法取缔邪教组织，防范、制止和依法惩治邪教违法犯罪活动。

**18. 防范和处置恐怖主义、极端主义的主要任务有哪些？**

《国家安全法》第28条规定，国家反对一切形式的恐怖主义和极端主义，加强防范和处置恐怖主义的能力建设，依法开展情报、调查、防范、处置以及资金监管等工作，依法取缔恐怖活动组织和严厉惩治暴力恐怖活动。

恐怖主义和极端主义是世界各国面临的一个共同威胁，反恐斗争事关国家安全、人民群众切身利益、事关社会稳定发展的全局。防范和处置恐怖主义、极端主义是维护国家统一、社会安定、人民幸福的需要。必须对恐怖主义、极端主义采取坚决果断的措施，保持严打高压态势。除《国家安全法》本条的规定外，2015 年 12 月我国还颁布实施了《中华人民共和国反恐怖主义法》，对防范和惩治恐怖主义、极端主义活动，加强反恐怖主义工作作出全面规定。

### 19. 维护社会安全、生态安全、核安全的主要任务有哪些？

社会安全通常是指不特定的、多数人的健康、生命以及财产的安全。维护社会安全就是维护社会稳定。《国家安全法》第 29 条规定，国家健全有效预防和化解社会矛盾的体制机制，健全公共安全体系，积极预防、减少和化解社会矛盾，妥善处置公共卫生、社会安全等影响国家安全和社会稳定的突发事件，促进社会和谐，维护公共安全和社会安定。

生态安全通常是指一个国家生存和发展所需的生态环境不受或少受破坏与威胁，可以实现永续利用。保护和改善生态环境是我国的一项基本国策。为此，《国家安全法》第 30 条规定，国家完善生态环境保护制度体系，加大生态建设和环境保护力度，划定生态保护红线，强化生态风险的预警和防控，妥善处置突发环境事件，保障人民赖以生存发展的大气、水、土壤等自然环境和条件不受威胁和破坏，促进人与自然和谐发展。

核安全一般是指对核设施、核活动、核材料和放射性物质采取必要和充分的监控、保护、预防和缓解等安全措施，防止由于任何技术原因、人为原因或自然灾害造成事故发生，并最大限度减少事故情况下的放射性后果，从而保护工作人员、公众和环境免受不当辐射危害。《国家安全法》第 31 条规定，国家坚持和平利用核能和核技术，加强国际合作，防止核扩散，完善防扩散机制，加强对核设施、核材料、核活动和核废料处置的安全管理、监管和保护，加强核事故应急体系和应急能力建设，防止、控制和消除核事故对公民生命健康和生态环境的危害，不断增强有效应对和防范核威胁、核攻击的能力。

## 20. 维护新型领域安全、国家海外利益安全的主要任务有哪些?

《国家安全法》第32条规定，国家坚持和平探索和利用外层空间、国际海底区域和极地，增强安全进出、科学考察、开发利用的能力，加强国际合作，维护我国在外层空间、国际海底区域和极地的活动、资产和其他利益的安全。外层空间、国际海底区域和极地，虽不属于国家主权管辖范围，但是近年来，世界各国逐渐认识到了这些新型领域对于国家利益和国家安全的重要性，这些领域对我国利益和安全也有着现实的和潜在的威胁和挑战，因此，国家安全法在这方面做了规定。

随着我国改革开放的持续深入，经济的日益国际化、“一带一路”战略的实施等，在海外的我国的企业、机构、公民越来越多。我国的海外利益面临着新的挑战，维护我国海外利益安全的任务也日益繁重。因此，《国家安全法》第33条规定：国家依法采取必要措施，保护海外中国公民、组织和机构的安全和正当权益，保护国家的海外利益不受威胁和侵害。

## 21. 全国人民代表大会及其常务委员会在维护国家安全方面的主要职责有哪些?

《国家安全法》第35条第1款规定，全国人民代表大会依照宪法规定，决定战争和和平的问题，行使宪法规定的涉及国家安全的其他职权。

根据《宪法》第57条、第62条的规定，全国人民代表大会是我国的最高国家权力机关，其共行使16项职权。《国家安全法》第35条第1款主要规定的是其第15项职权即决定战争和和平的问题。战争和和平的问题是政治的最高形式，直接关系国家和人民的根本利益，对国家的生存和发展生死攸关，理应由国家的最高权力机关行使。此外，全国人民代表大会还行使宪法规定的涉及国家安全的其他职权，如立法权、人事任免权等。

《国家安全法》第35条第2款规定，全国人民代表大会常务委员会依照宪法规定，决定战争状态的宣布，决定全国总动员或者局部动员，决定全国或者个别省、自治区、直辖市进入紧急状态，行使宪法规定的和全国人民代表大会授予的涉及国家安全的其他职权。

根据《宪法》第57条、第67条的规定，全国人民代表大会常务委员会是全国人民代表大会的常设机关，依法行使22项职权。国家安全法规定的主要是与国家安全有关的第 19、20、21 项职权，即在全国人民代表大会闭会期间，如果遇到国家遭受武装侵犯或者必须履行国际间共同防止侵略的条约的情况，决定战争状态的宣布；决定全国总动员或者局部动员；决定全国或者个别省、自治区、直辖市进入紧急状态。此外，全国人民代表大会常务委员会还可行使宪法规定的和全国人民代表大会授予的涉及国家安全的其他职权，如监督权等。

### 22. 国家主席在维护国家安全方面的主要职责有哪些？

《宪法》第 80、81 条规定了国家主席的职权，即中华人民共和国主席根据全国人民代表大会的决定和全国人民代表大会常务委员会的决定，公布法律，任免国务院总理、副总理、国务委员、各部部长、各委员会主任、审计长、秘书长，授予国家的勋章和荣誉称号，发布特赦令，宣布进入紧急状态，宣布战争状态，发布动员令。中华人民共和国主席代表中华人民共和国，进行国事活动，接受外国使节；根据全国人民代表大会常务委员会的决定，派遣和召回驻外全权代表，批准和废除同外国缔结的条约和重要协定。

《国家安全法》第 36 条主要规定了国家主席在维护国家安全方面的主要职责，中华人民共和国主席根据全国人民代表大会的决定和全国人民代表大会常务委员会的决定，宣布进入紧急状态，宣布战争状态，发布动员令，行使宪法规定的涉及国家安全的其他职权。

### 23. 国务院、中央军事委员会、中央国家机关各部门在维护国家安全方面的主要职责有哪些？

根据《宪法》第 85 条的规定，国务院，即中央人民政府，是最高国家权力机关的执行机关，是最高国家行政机关。《国家安全法》第 37 条规定了国务院在维护国家安全方面的主要职责，即国务院根据宪法和法律，制定涉及国家安全的行政法规，规定有关行政措施，发布有关决定和命令；实施国家安全法律法规和政策；依照法律规定决定省、自治区、直辖市的范围内部分地区进入紧急状态；行使宪法法律规定的和全国人民代表大会及其常务委员会授予的涉及国家安全的其他职权。

根据《宪法》第 93、94 条的规定，中华人民共和国中央军事委员会领导全国武装力量。中央军事委员会主席对全国人民代表大会和全国人民代表大会常务委员会负责。《国家安全法》第38条规定了中央军事委员会在维护国家安全方面的主要职责，即中央军事委员会领导全国武装力量，决定军事战略和武装力量的作战方针，统一指挥维护国家安全的军事行动，制定涉及国家安全的军事法规，发布有关决定和命令。

《国家安全法》第39条规定，中央国家机关各部门按照职责分工，贯彻执行国家安全方针政策和法律法规，管理指导本系统、本领域国家安全工作。

## 24. 地方在维护国家安全方面的主要职责有哪些?

《国家安全法》第40条规定，地方各级人民代表大会和县级以上地方各级人民代表大会常务委员会在本行政区域内，保证国家安全法律法规的遵守和执行。地方各级人民政府依照法律法规规定管理本行政区域内的国家安全工作。香港特别行政区、澳门特别行政区应当履行维护国家安全的责任。

“地方各级人民代表大会和县级以上地方各级人民代表大会常务委员会在本行政区域内，保证国家安全法律法规的遵守和执行”的主要方式包括：①依据立法法等相关的法律法规，根据本区域的具体情况，制定相应的地方性法规；②根据法律规定行使监督权，保证相应法律法规的遵守和执行。

## 25. 司法机关、专门机关在维护国家安全方面的主要职责有哪些?

《国家安全法》第41条规定，人民法院依照法律规定行使审判权，人民检察院依照法律规定行使检察权，惩治危害国家安全的犯罪。“危害国家安全的犯罪”主要包括：①刑法分则第一章规定的“危害国家安全罪”，如分裂国家罪、资敌罪等；②除此之外的涉及国家安全的犯罪。需要指出的是，刑法规定的危害国家安全犯罪指的是狭义的国家安全，而国家安全法规定的是广义的国家安全，包括政治安全、经济安全、金融安全、文化安全、粮食安全、网络信息安全等诸多方面，因此，危害这些安全的犯罪也属于本条规定的“危害国家安全的犯罪”。

《国家安全法》第42条规定，国家安全机关、公安机关依法搜集涉及国家安全的情报信息，在国家安全工作中依法行使侦查、拘留、预审和执行逮捕以及法律规定的其他职权。有关军事机关在国家安全工作中依法行使相关职权。“法律规定的其他职权”主要是指专门机关依据反恐怖主义法、反间谍法、出入境管理法、护照法、邮政法、保守国家秘密法等相关法律的规定，在履行维护国家安全职责时，可以行使的职权。主要包括：①行政执法方面的职权，如行政许可、行政处罚、行政强制等；②行政调查方面的职权，如调取有关的档案、数据、资料等；③行政管理方面的职权，如对有关人员、组织的日常活动进行管理等。

**26. 国家安全法对国家机关及其工作人员在履行职责时应当维护国家安全是如何规定的?**

《国家安全法》第43条规定，国家机关及其工作人员在履行职责时，应当贯彻维护国家安全的原则。国家机关及其工作人员在国家安全工作和涉及国家安全活动中，应当严格依法履行职责，不得超越职权、滥用职权，不得侵犯个人和组织的合法权益。

根据《国家安全法》第12、13条的规定，对国家机关及其工作人员的行为可以进行相应的奖惩。

**27. 国家安全制度的基本要求和目标是什么?**

《国家安全法》第44条规定，中央国家安全领导机构实行统分结合、协调高效的国家安全制度与工作机制。

“统分结合”是国家安全制度与工作机制的实体要求。所谓“统”，是指统一、统筹，国家安全工作必须高度集中，统于中央。中央通过国家安全领导机构对国家安全工作进行统筹。所谓“分”，是指国家安全事务的各主体各负其责，包括各部门对本系统的工作负责，各地区对本辖区的工作负责。

“协调高效”是国家安全制度与工作机制的程序目标。“协调”是指协调行动，影响国家安全的因素众多，决定了维护国家安全工作牵一发而动全身，各部门必须协调一致才能形成合力。“高效”是指运转高效，维护国家安全工作关乎国家命脉，只有运转高效才能避免错失良机、酿成大错。

**28. 维护国家安全有哪些制度?**

《国家安全法》第45~50条规定了维护国家安全的相关制度：

第45条规定了“重点领域工作协调机制”，即国家建立国家安全重点领域工作协调机制，统筹协调中央有关职能部门推进相关工作。根据本条规定，国家安全重点领域工作协调机制，协调的是中央有关职能部门之间的关系。这也在一定程度上印证了国家安全事务特别是重点领域的国家安全事务的决策权在中央。

第46条规定了“督促检查和责任追究机制”，即国家建立国家安全工作督促检查和责任追究机制，确保国家安全战略和重大部署贯彻落实。“督促检查和责任追究机制”一般包括五方面的内容：①限期报告制度，上级作出重要部署后，下级和相关部门要按时限报告贯彻落实情况。②调查复核制度，对下级和相关部门的报告有选择性的进行实地调查复核。③情况通报制度，通过通报，对一些经验予以总结、推广，对一些问题及其成因予以警示。④责任追究制度，对发现的失职渎职、违纪违法等行为追究相应的行政责任和法律责任。⑤督查调研制度。上级部门主动深入基层调研，发现问题、找出原因，提出相应的解决方案和应对建议。

第47条规定了“国家安全战略贯彻实施机制”，即各部门、各地区应当采取有效措施，贯彻实施国家安全战略。

第48条规定了“跨部门会商工作机制”，即国家根据维护国家安全工作需要，建立跨部门会商工作机制，就维护国家安全工作的重大事项进行会商研判，提出意见和建议。这里的“部门”应该既包括中央部门，也包括地方部门。国家安全主要是中央事权，但地方也同样负有维护国家安全的职责。因此，跨部门会商工作机制应该包括中央有关职能部门之间的会商，也包括地方有关职能部门的会商。但不包括中央有关职能部门和地方有关职能部门的“会商”，因为这种情况应属于本法第49条规定的“协同联动机制”。另外，“会商研判”包括“会商”和“研判”两层含义，目的是使各部门通过会商形成共识、达成一致，最终形成可行性意见。而不能只“商”不“判”。

第49条规定了“协同联动机制”，即国家建立中央与地方之间、部门之间、军地之间以及地区之间关于国家安全的协同联动机制。“协同”是为了使每一个具有维护国家安全职能的主体都能成为国家安全工作的一部分。“联动”是为了使各主体联合行动、步调一致、互相配合，以实现共同的维护国家安全的目标。协同的目的是联动，协同是过程和手段，联动是目的和结果。

第 50 条规定了“决策咨询机制”，即国家建立国家安全决策咨询机制，组织专家和有关方面开展对国家安全形势的分析研判，推进国家安全的科学决策。

### 29. 怎样维护国家安全的情报信息工作？

情报信息工作是国家安全工作的重要组成部分，在维护国家安全和利益工作中发挥着重要的、不可替代的作用。《国家安全法》第 51 条规定，国家健全统一归口、反应灵敏、准确高效、运转顺畅的情报信息收集、研判和使用制度，建立情报信息工作协调机制，实现情报信息的及时收集、准确研判、有效使用和共享。根据该条规定，我国一方面要健全情报信息收集、研判和使用制度；一方面要建立情报信息工作协调机制。

（1）统一归口、反应灵敏、准确高效、运转顺畅的情报信息收集、研判和使用制度

“统一归口”主要是指情报信息工作要坚持统一领导、归口管理，不断加强情报信息工作的系统性、科学性、全面性、集成性。“反应灵敏”主要是指情报信息工作要紧紧围绕维护国家安全的实际需要，特别是对于时效性要求较高的重大突发事件的情报信息工作，要作出及时反应，为采取相应的处置措施提供支持和参考。“准确高效”主要是指要保证情报信息内容的准确性和流转的高效，确保情报信息及时有效的发挥作用。“运转顺畅”主要是指情报信息工作要保证能够顺畅地运转。

（2）情报信息工作协调机制

主要是指维护国家安全工作的专门机关要根据职责分工，依法搜集涉及国家安全的情报信息；国家机关各部门对于在工作中获取的涉及国家安全的有关信息要及时上报。以实现情报信息的及时收集、准确研判、有效使用和共享。

《国家安全法》第 52 条规定了各部门搜集上报情报信息职责，即国家安全机关、公安机关、有关军事机关根据职责分工，依法搜集涉及国家安全的情报信息。国家机关各部门在履行职责过程中，对于获取的涉及国家安全的有关信息应当及时上报。

第53条规定，开展情报信息工作，应当充分运用现代科学技术手段，加强对情报信息的鉴别、筛选、综合和研判分析。

第54条规定了情报信息的报送要求，即情报信息的报送应当及时、准确、客观，不得迟报、漏报、瞒报和谎报。

### 30. 为什么要建立完善国家安全风险预案？

《国家安全法》第55条规定，国家制定完善应对各领域国家安全风险预案。

制定完善国家安全风险预案，有利于未雨绸缪，及时、准确地识别危害国家安全的各类风险，在处置时做到有章可循、有条不紊，并尽可能地将危害国家安全的风险消灭在萌芽状态。制定完善应对各领域的国家安全风险预案，与公共安全、环境保护、卫生防疫、食品安全、资源安全领域业已建立的预防制度和预案体系并不是简单的对应或者替换关系。制定完善应对各领域的国家安全风险预案体系，必须要以总体国家安全观为指导，统筹维护各领域的国家安全。

### 31. 为什么要进行国家安全风险评估？

《国家安全法》第56条规定，国家建立国家安全风险评估机制，定期开展各领域国家安全风险调查评估。有关部门应当定期向中央国家安全领导机构提交国家安全风险评估报告。

及时、准确、严谨、科学的国家安全风险评估，是辅助国家安全决策指导、做好维护国家安全工作的基础。对国家安全风险进行评估，对于有效预防和化解国家安全风险，管控国家安全危机，建立健全国家安全保障制度，都起着至关重要的作用。

### 32. 为什么要健全国家安全风险预警制度？

《国家安全法》第57条规定，国家健全国家安全风险监测预警制度，根据国家安全风险程度，及时发布相应风险预警。

国家安全风险预警主要是指在各领域国家安全风险发生蔓延并造成现实危害之前，根据以往总结的规律或监测得到的可能性前兆，向有关部门和社会发出紧急信号、报告危险情况，以便于及时采取有效响应措施应对安全风险，避免国家重大利益因应对准备不足而造成损失。本条没有对预警级别作出统一规定，主要是考虑到国家安全风险分布于不同领域，相关应对措施具有较强的专业性，难以划定统一的预警标准，需要各部门根据各自的职责分工和风险紧急程度、危害性等，制定预警标准，及时发布风险预警。

## 33. 报告危害国家安全的事件的要求是什么？

《国家安全法》第58条规定，对可能即将发生或者已经发生的危害国家安全的事件，县级以上地方人民政府及其有关主管部门应当立即按照规定向上一级人民政府及其有关主管部门报告，必要时可以越级上报。

根据该条规定，对于已经发生或可能发生的危害国家安全的事件，有关的县级以上政府及其有关主管部门应当立即向上一级人民政府及其有关主管部门报告，必要时可以越级上报。报告的内容主要包括：①事件的性质、起因、危害程度和发展态势；②已经采取的先期处置措施；③拟采取的处置方案；④请求上级批准的重大事项等。

## 34. 国家安全审查和监管的范围有哪些？

《国家安全法》第59条规定，国家建立国家安全审查和监管的制度和机制，对影响或者可能影响国家安全的外商投资、特定物项和关键技术、网络信息技术产品和服务、涉及国家安全事项的建设项目，以及其他重大事项和活动，进行国家安全审查，有效预防和化解国家安全风险。本条是关于建立国家安全审查和监管的制度和机制以及国家安全审查范围的规定。

建立国家安全审查和监管的制度和机制，是国际上的通行做法，是从源头上预防和化解国家安全风险的重要举措。我国较早的规定了国家安全审查制度，在早期的有关外商投资并购的相关法律法规及规定中都有体现。但也存在的明显的不足，主要体现在，缺乏统一规范和顶层制度的设计；立法层次相对偏低；有的领域国家安全审查监管制度存在空白等。为了进一步厘清审查职责，确保顺畅运行，有效沟通，充分发挥行业主管部门作用，实现审查严格、监管有力，国家安全法做了本条规定。

根据本条规定，国家安全审查和监管的范围主要包括：①外商投资安全审查：一是建立外国投资者并购境内企业安全审查制度，二是自由贸易实验区外商投资国家安全审查；②特定物项和关键技术安全审查，主要包括核物质及其相关技术、生物用品及其相关设备和技术、有关化学品及其相关设备和技术等；③网络信息技术产品和服务安全审查；④涉及国家安全事项的建设项目安全审查，如电信枢纽建设项目等；⑤其他重大事项和活动安全审查，这是一个兜底条款，例如，一些涉及意识形态的文化活动等也要进行安全审查。

**35. 中央国家机关各部门，省、自治区、直辖市的国家安全审查职责是什么?**

《国家安全法》第60条规定，中央国家机关各部门依照法律、行政法规行使国家安全审查职责，依法作出国家安全审查决定或者提出安全审查意见并监督执行。

本条规定包含两层含义：一是中央国家机关各部门依法直接对涉及国家安全的事项作出审查决定；二是中央国家机关各部门通过明确有关审查标准和程序要求，领导或指导本系统的基层部门，依法对涉及国家安全的事项作出审查决定。

《国家安全法》第61条规定：省、自治区、直辖市依法负责本行政区域内有关国家安全审查和监管工作。

**36. 建立国家危机管控制度的要求有哪些?**

《国家安全法》第62条规定，国家建立统一领导、协同联动、有序高效的国家安全危机管控制度。

根据我国宪法和法律，国家安全危机主要有三种类型：一是战争，二是国防动员，三是紧急状态。

建立健全国家安全危机管控制度，对于预警、防范、应对、掌控国家安全危机，能够起到全局性、稳定性、长期性的支撑作用。根据本条的规定国家安全危机管控制度要达到三个要求：①统一领导；②协同联动；③有序高效。这是总体国家安全观的体现和要求。

## 37. 发生危及国家安全的重大事件时，应如何应对?

危及国家安全的重大事件，往往在一个或多个领域对国家安全造成重大伤害，直接威胁到国家主权、安全和利益，必须及时地认真应对。《国家安全法》第 63 条规定，发生危及国家安全的重大事件，中央有关部门和有关地方根据中央国家安全领导机构的统一部署，依法启动应急预案，采取管控处置措施。

根据我国宪法和法律，发生危及国家安全的重大事件时，中央有关部门和有关地方根据中央国家安全领导机构的统一部署，启动应急预案，可以采取的管控处置措施主要包括如下三种。

（1）对重大事件的发生地进行现场控制，或者对相关区域进行管制。这种控制、管制可以减小危害的扩散范围，为重大事件的处理提供条件。如《中华人民共和国突发事件应对法》第 49 条就有这方面的规定。

（2）对相关人员人身或活动进行控制。这种措施是在特殊时期或特殊区域内，对公民基本权利的限制。如《中华人民共和国戒严法》第 4 条规定：戒严期间，为保证戒严的实施和维护社会治安秩序，国家可以依照本法在戒严地区内，对宪法、法律规定的公民权利和自由的行使作出特别规定。

（3）实行紧急状态或者进入战争状态。在这些情形下，有关部门和地方可以采取特别措施限制社会成员的行动，或者强制公民提供一定的劳务或者财务。

## 38. 发生危及国家安全的特别重大事件时，应如何应对?

根据《国家安全法》第 64 条的规定，发生危及国家安全的特别重大事件，需要进入紧急状态、战争状态或者进行全国总动员、局部动员的，由全国人民代表大会、全国人民代表大会常务委员会或者国务院依照宪法和有关法律规定的权限和程序决定。

紧急状态，是指发生或者即将发生特别重大突发事件，需要国家机关行使紧急权力予以控制、消除其社会危害和威胁时，有关国家机关按照宪法、法律规定的权限决定并宣布局部地区或者全国实行的一种临时性的严重危急状态。根据我国《宪法》第 67 条、第 89 条的规定，有权决定紧急状态的机关分别是全国人大常委会和国务院。其权限划分是：全国人大常委会有权决定全国或者个别省、自治区、直辖市进入紧急状态，国务院有权依照法律规定决定省、自治区、直辖市范围内部分地区进入紧急状态。此外，为了及时作出应急反应，对于全国或者个别省、自治区、直辖市进入紧急状态的决定，国务院依法还应该有提请全国人大常委会作出决定的请求权。许多国家宪法都赋予最高国家行政机关这类请求权。

战争状态，是指当国家安全受到严重威胁时，将国家由平时状态转为战时状态，采取一系列措施和手段为战争服务。依据我国宪法，全国人民代表大会决定战争和和平的问题；全国人民代表大会常务委员会在全国人民代表大会闭会期间，如果遇到国家遭受武装侵犯或者必须履行国际间共同防止侵略的条约的情况，决定战争状态的宣布；国家主席根据全国人民代表大会的决定和全国人民代表大会常务委员会的决定，宣布战争状态。

全国总动员、局部动员，是在国家的主权、统一、领土完整和安全遭受威胁时，一般是指面临或已经遭受外敌侵略或者发生严重内乱时，国家采取的一种紧急措施。依据宪法规定，全国总动员或局部动员，由全国人民代表大会常务委员会决定，国家主席根据决定，发布动员令。

《国家安全法》第 65 条还规定，国家决定进入紧急状态、战争状态或者实施国防动员后，履行国家安全危机管控职责的有关机关依照法律规定或者全国人民代表大会常务委员会规定，有权采取限制公民和组织权利、增加公民和组织义务的特别措施。根据《中华人民共和国国防动员法》的规定，“国防动员”是指国家的主权、统一、领土完整和安全遭受威胁时，全国人民代表大会常务委员会依照宪法和有关法律的规定，决定全国总动员或者局部动员。国家主席根据全国人民代表大会常务委员会的决定，发布动员令。也就是本法第 64 条所说的“全国总动员、局部动员”。“特别措施”在国防动员法、戒严法等法律中都有具体规定。

## 39. 国家安全法对危机管控还有哪些规定？

《国家安全法》第 66 条规定了管控措施的合理性原则，即履行国家安全危机管控职责的有关机关依法采取处置国家安全危机的管控措施，应当与国家安全危机可能造成的危害的性质、程度和范围相适应；有多种措施可供选择的，应当选择有利于最大程度保护公民、组织权益的措施。

第67条规定了信息报告和发布机制，即国家健全国家安全危机的信息报告和发布机制。国家安全危机事件发生后，履行国家安全危机管控职责的有关机关，应当按照规定准确、及时报告，并依法将有关国家安全危机事件发生、发展、管控处置及善后情况统一向社会发布。

第68条作出及时解除管控处置措施的规定，即国家安全威胁和危害得到控制或者消除后，应当及时解除管控处置措施，做好善后工作。

## 40. 国家安全的保障有哪些？

《国家安全法》第五章对“国家安全保障”作出了规定。

第69条规定了总体保障，即国家健全国家安全保障体系，增强维护国家安全的能力。

第70条规定了法制保障，即国家健全国家安全法律制度体系，推动国家安全法治建设。

第71条规定了经费保障，即国家加大对国家安全各项建设的投入，保障国家安全工作所需经费和装备。

第72条规定了物资保障，即承担国家安全战略物资储备任务的单位，应当按照国家有关规定和标准对国家安全物资进行收储、保管和维护，定期调整更换，保证储备物资的使用效能和安全。

第73条规定了科技保障，即鼓励国家安全领域科技创新，发挥科技在维护国家安全中的作用。

第74条规定了人才保障，即国家采取必要措施，招录、培养和管理国家安全工作专门人才和特殊人才。根据维护国家安全工作的需要，国家依法保护有关机关专门从事国家安全工作人员的身份和合法权益，加大人身保护和安置保障力度。

第75条规定了专门工作手段保障，即国家安全机关、公安机关、有关军事机关开展国家安全专门工作，可以依法采取必要手段和方式，有关部门和地方应当在职责范围内提供支持和配合。

第76条规定了宣传教育保障，即国家加强国家安全新闻宣传和舆论引导，通过多种形式开展国家安全宣传教育活动，将国家安全教育纳入国民教育体系和公务员教育培训体系，增强全民国家安全意识。

## 41. 在维护国家安全方面，公民、组织的义务和权利有哪些？

《国家安全法》第六章规定了在维护国家安全方面，公民、组织的义务和权利。

第77条规定了一般义务，即公民和组织应当履行下列维护国家安全的义务：①遵守宪法、法律法规关于国家安全的有关规定；②及时报告危害国家安全活动的线索；③如实提供所知悉的涉及危害国家安全活动的证据；④为国家安全工作提供便利条件或者其他协助；⑤向国家安全机关、公安机关和有关军事机关提供必要的支持和协助；⑥保守所知悉的国家秘密；⑦法律、行政法规规定的其他义务。任何个人和组织不得有危害国家安全的行为，不得向危害国家安全的个人或者组织提供任何资助或者协助。

第78条规定了特殊义务，即机关、人民团体、企业事业组织和其他社会组织应当对本单位的人员进行维护国家安全的教育，动员、组织本单位的人员防范、制止危害国家安全的行为。

第79条规定了企业事业组织配合有关部门的义务，即企业事业组织根据国家安全工作的要求，应当配合有关部门采取相关安全措施。

第80条规定了公民和组织支持配合国家安全工作受法律保护，即公民和组织支持、协助国家安全工作的行为受法律保护。因支持、协助国家安全工作，本人或者其近亲属的人身安全面临危险的，可以向公安机关、国家安全机关请求予以保护。公安机关、国家安全机关应当会同有关部门依法采取保护措施。

第81条规定了获得赔偿和抚恤优待的权利，即公民和组织因支持、协助国家安全工作导致财产损失的，按照国家有关规定给予补偿；造成人身伤害或者死亡的，按照国家有关规定给予抚恤优待。

第82条规定了提出批评建议以及申诉、控告和检举的权利，即公民和组织对国家安全工作有向国家机关提出批评建议的权利，对国家机关及其工作人员在国家安全工作中的违法失职行为有提出申诉、控告和检举的权利。

第83条对特别措施的合法性和合理性做了要求，即在国家安全工作中，需要采取限制公民权利和自由的特别措施时，应当依法进行，并以维护国家安全的实际需要为限度。

**42. 国家安全法的实施日期?**

根据《国家安全法》第 84 条的规定，本法自公布之日起实施。即从 2015 年 7 月 1 日起实施。

# 附：

# 《中华人民共和国国家安全法》

（2015年7月1日第十二届全国人民代表大会常务委员会第十五次会议通过）

## 目　　录



## 第一章　总　　则

**第一条**　为了维护国家安全，保卫人民民主专政的政权和中国特色社会主义制度，保护人民的根本利益，保障改革开放和社会主义现代化建设的顺利进行，实现中华民族伟大复兴，根据宪法，制定本法。

**第二条**　国家安全是指国家政权、主权、统一和领土完整、人民福祉、经济社会可持续发展和国家其他重大利益相对处于没有危险和不受内外威胁的状态，以及保障持续安全状态的能力。

**第三条** 国家安全工作应当坚持总体国家安全观，以人民安全为宗旨，以政治安全为根本，以经济安全为基础，以军事、文化、社会安全为保障，以促进国际安全为依托，维护各领域国家安全，构建国家安全体系，走中国特色国家安全道路。

**第四条** 坚持中国共产党对国家安全工作的领导，建立集中统一、高效权威的国家安全领导体制。

**第五条** 中央国家安全领导机构负责国家安全工作的决策和议事协调，研究制定、指导实施国家安全战略和有关重大方针政策，统筹协调国家安全重大事项和重要工作，推动国家安全法治建设。

**第六条** 国家制定并不断完善国家安全战略，全面评估国际、国内安全形势，明确国家安全战略的指导方针、中长期目标、重点领域的国家安全政策、工作任务和措施。

**第七条** 维护国家安全，应当遵守宪法和法律，坚持社会主义法治原则，尊重和保障人权，依法保护公民的权利和自由。

**第八条** 维护国家安全，应当与经济社会发展相协调。

国家安全工作应当统筹内部安全和外部安全、国土安全和国民安全、传统安全和非传统安全、自身安全和共同安全。

**第九条** 维护国家安全，应当坚持预防为主、标本兼治，专门工作与群众路线相结合，充分发挥专门机关和其他有关机关维护国家安全的职能作用，广泛动员公民和组织，防范、制止和依法惩治危害国家安全的行为。

**第十条** 维护国家安全，应当坚持互信、互利、平等、协作，积极同外国政府和国际组织开展安全交流合作，履行国际安全义务，促进共同安全，维护世界和平。

**第十一条** 中华人民共和国公民、一切国家机关和武装力量、各政党和各人民团体、企业事业组织和其他社会组织，都有维护国家安全的责任和义务。

中国的主权和领土完整不容侵犯和分割。维护国家主权、统一和领土完整是包括港澳同胞和台湾同胞在内的全中国人民的共同义务。

**第十二条** 国家对在维护国家安全工作中作出突出贡献的个人和组织给予表彰和奖励。

**第十三条** 国家机关工作人员在国家安全工作和涉及国家安全活动中，滥用职权、玩忽职守、徇私舞弊的，依法追究法律责任。

任何个人和组织违反本法和有关法律，不履行维护国家安全义务或者从事危害国家安全活动的，依法追究法律责任。

**第十四条** 每年4月15日为全民国家安全教育日。

## 第二章 维护国家安全的任务

**第十五条** 国家坚持中国共产党的领导，维护中国特色社会主义制度，发展社会主义民主政治，健全社会主义法治，强化权力运行制约和监督机制，保障人民当家作主的各项权利。

国家防范、制止和依法惩治任何叛国、分裂国家、煽动叛乱、颠覆或者煽动颠覆人民民主专政政权的行为；防范、制止和依法惩治窃取、泄露国家秘密等危害国家安全的行为；防范、制止和依法惩治境外势力的渗透、破坏、颠覆、分裂活动。

**第十六条** 国家维护和发展最广大人民的根本利益，保卫人民安全，创造良好生存发展条件和安定工作生活环境，保障公民的生命财产安全和其他合法权益。

**第十七条** 国家加强边防、海防和空防建设，采取一切必要的防卫和管控措施，保卫领陆、内水、领海和领空安全，维护国家领土主权和海洋权益。

**第十八条** 国家加强武装力量革命化、现代化、正规化建设，建设与保卫国家安全和发展利益需要相适应的武装力量；实施积极防御军事战略方针，防备和抵御侵略，制止武装颠覆和分裂；开展国际军事安全合作，实施联合国维和、国际救援、海上护航和维护国家海外利益的军事行动，维护国家主权、安全、领土完整、发展利益和世界和平。

**第十九条** 国家维护国家基本经济制度和社会主义市场经济秩序，健全预防和化解经济安全风险的制度机制，保障关系国民经济命脉的重要行业和关键领域、重点产业、重大基础设施和重大建设项目以及其他重大经济利益安全。

**第二十条** 国家健全金融宏观审慎管理和金融风险防范、处置机制，加强金融基础设施和基础能力建设，防范和化解系统性、区域性金融风险，防范和抵御外部金融风险的冲击。

**第二十一条** 国家合理利用和保护资源能源，有效管控战略资源能源的开发，加强战略资源能源储备，完善资源能源运输战略通道建设和安全保护措施，加强国际资源能源合作，全面提升应急保障能力，保障经济社会发展所需的资源能源持续、可靠和有效供给。

**第二十二条** 国家健全粮食安全保障体系，保护和提高粮食综合生产能力，完善粮食储备制度、流通体系和市场调控机制，健全粮食安全预警制度，保障粮食供给和质量安全。

**第二十三条** 国家坚持社会主义先进文化前进方向，继承和弘扬中华民族优秀传统文化，培育和践行社会主义核心价值观，防范和抵制不良文化的影响，掌握意识形态领域主导权，增强文化整体实力和竞争力。

**第二十四条** 国家加强自主创新能力建设，加快发展自主可控的战略高新技术和重要领域核心关键技术，加强知识产权的运用、保护和科技保密能力建设，保障重大技术和工程的安全。

**第二十五条** 国家建设网络与信息安全保障体系，提升网络与信息安全保护能力，加强网络和信息技术的创新研究和开发应用，实现网络和信息核心技术、关键基础设施和重要领域信息系统及数据的安全可控；加强网络管理，防范、制止和依法惩治网络攻击、网络入侵、网络窃密、散布违法有害信息等网络违法犯罪行为，维护国家网络空间主权、安全和发展利益。

**第二十六条** 国家坚持和完善民族区域自治制度，巩固和发展平等团结互助和谐的社会主义民族关系。坚持各民族一律平等，加强民族交往、交流、交融，防范、制止和依法惩治民族分裂活动，维护国家统一、民族团结和社会和谐，实现各民族共同团结奋斗、共同繁荣发展。

**第二十七条** 国家依法保护公民宗教信仰自由和正常宗教活动，坚持宗教独立自主自办的原则，防范、制止和依法惩治利用宗教名义进行危害国家安全的违法犯罪活动，反对境外势力干涉境内宗教事务，维护正常宗教活动秩序。

国家依法取缔邪教组织，防范、制止和依法惩治邪教违法犯罪活动。

**第二十八条** 国家反对一切形式的恐怖主义和极端主义，加强防范和处置恐怖主义的能力建设，依法开展情报、调查、防范、处置以及资金监管等工作，依法取缔恐怖活动组织和严厉惩治暴力恐怖活动。

**第二十九条** 国家健全有效预防和化解社会矛盾的体制机制，健全公共安全体系，积极预防、减少和化解社会矛盾，妥善处置公共卫生、社会安全等影响国家安全和社会稳定的突发事件，促进社会和谐，维护公共安全和社会安定。

**第三十条** 国家完善生态环境保护制度体系，加大生态建设和环境保护力度，划定生态保护红线，强化生态风险的预警和防控，妥善处置突发环境事件，保障人民赖以生存发展的大气、水、土壤等自然环境和条件不受威胁和破坏，促进人与自然和谐发展。

**第三十一条** 国家坚持和平利用核能和核技术，加强国际合作，防止核扩散，完善防扩散机制，加强对核设施、核材料、核活动和核废料处置的安全管理、监管和保护，加强核事故应急体系和应急能力建设，防止、控制和消除核事故对公民生命健康和生态环境的危害，不断增强有效应对和防范核威胁、核攻击的能力。

**第三十二条** 国家坚持和平探索和利用外层空间、国际海底区域和极地，增强安全进出、科学考察、开发利用的能力，加强国际合作，维护我国在外层空间、国际海底区域和极地的活动、资产和其他利益的安全。

**第三十三条** 国家依法采取必要措施，保护海外中国公民、组织和机构的安全和正当权益，保护国家的海外利益不受威胁和侵害。

**第三十四条** 国家根据经济社会发展和国家发展利益的需要，不断完善维护国家安全的任务。

## 第三章　维护国家安全的职责

**第三十五条** 全国人民代表大会依照宪法规定，决定战争和和平的问题，行使宪法规定的涉及国家安全的其他职权。

全国人民代表大会常务委员会依照宪法规定，决定战争状态的宣布，决定全国总动员或者局部动员，决定全国或者个别省、自治区、直辖市进入紧急状态，行使宪法规定的和全国人民代表大会授予的涉及国家安全的其他职权。

**第三十六条** 中华人民共和国主席根据全国人民代表大会的决定和全国人民代表大会常务委员会的决定，宣布进入紧急状态，宣布战争状态，发布动员令，行使宪法规定的涉及国家安全的其他职权。

**第三十七条** 国务院根据宪法和法律，制定涉及国家安全的行政法规，规定有关行政措施，发布有关决定和命令；实施国家安全法律法规和政策；依照法律规定决定省、自治区、直辖市的范围内部分地区进入紧急状态；行使宪法法律规定的和全国人民代表大会及其常务委员会授予的涉及国家安全的其他职权。

**第三十八条** 中央军事委员会领导全国武装力量，决定军事战略和武装力量的作战方针，统一指挥维护国家安全的军事行动，制定涉及国家安全的军事法规，发布有关决定和命令。

**第三十九条** 中央国家机关各部门按照职责分工，贯彻执行国家安全方针政策和法律法规，管理指导本系统、本领域国家安全工作。

**第四十条** 地方各级人民代表大会和县级以上地方各级人民代表大会常务委员会在本行政区域内，保证国家安全法律法规的遵守和执行。

地方各级人民政府依照法律法规规定管理本行政区域内的国家安全工作。

香港特别行政区、澳门特别行政区应当履行维护国家安全的责任。

**第四十一条** 人民法院依照法律规定行使审判权，人民检察院依照法律规定行使检察权，惩治危害国家安全的犯罪。

**第四十二条** 国家安全机关、公安机关依法搜集涉及国家安全的情报信息，在国家安全工作中依法行使侦查、拘留、预审和执行逮捕以及法律规定的其他职权。

有关军事机关在国家安全工作中依法行使相关职权。

**第四十三条** 国家机关及其工作人员在履行职责时，应当贯彻维护国家安全的原则。

国家机关及其工作人员在国家安全工作和涉及国家安全活动中，应当严格依法履行职责，不得超越职权、滥用职权，不得侵犯个人和组织的合法权益。

## 第四章　国家安全制度

### 第一节　一般规定

**第四十四条**　中央国家安全领导机构实行统分结合、协调高效的国家安全制度与工作机制。

**第四十五条**　国家建立国家安全重点领域工作协调机制，统筹协调中央有关职能部门推进相关工作。

**第四十六条**　国家建立国家安全工作督促检查和责任追究机制，确保国家安全战略和重大部署贯彻落实。

**第四十七条**　各部门、各地区应当采取有效措施，贯彻实施国家安全战略。

**第四十八条**　国家根据维护国家安全工作需要，建立跨部门会商工作机制，就维护国家安全工作的重大事项进行会商研判，提出意见和建议。

**第四十九条**　国家建立中央与地方之间、部门之间、军地之间以及地区之间关于国家安全的协同联动机制。

**第五十条**　国家建立国家安全决策咨询机制，组织专家和有关方面开展对国家安全形势的分析研判，推进国家安全的科学决策。

### 第二节　情报信息

**第五十一条**　国家健全统一归口、反应灵敏、准确高效、运转顺畅的情报信息收集、研判和使用制度，建立情报信息工作协调机制，实现情报信息的及时收集、准确研判、有效使用和共享。

**第五十二条**　国家安全机关、公安机关、有关军事机关根据职责分工，依法搜集涉及国家安全的情报信息。

国家机关各部门在履行职责过程中，对于获取的涉及国家安全的有关信息应当及时上报。

**第五十三条** 开展情报信息工作，应当充分运用现代科学技术手段，加强对情报信息的鉴别、筛选、综合和研判分析。

**第五十四条** 情报信息的报送应当及时、准确、客观，不得迟报、漏报、瞒报和谎报。

## 第三节 风险预防、评估和预警

**第五十五条** 国家制定完善应对各领域国家安全风险预案。

**第五十六条** 国家建立国家安全风险评估机制，定期开展各领域国家安全风险调查评估。

有关部门应当定期向中央国家安全领导机构提交国家安全风险评估报告。

**第五十七条** 国家健全国家安全风险监测预警制度，根据国家安全风险程度，及时发布相应风险预警。

**第五十八条** 对可能即将发生或者已经发生的危害国家安全的事件，县级以上地方人民政府及其有关主管部门应当立即按照规定向上一级人民政府及其有关主管部门报告，必要时可以越级上报。

## 第四节 审查监管

**第五十九条** 国家建立国家安全审查和监管的制度和机制，对影响或者可能影响国家安全的外商投资、特定物项和关键技术、网络信息技术产品和服务、涉及国家安全事项的建设项目，以及其他重大事项和活动，进行国家安全审查，有效预防和化解国家安全风险。

**第六十条** 中央国家机关各部门依照法律、行政法规行使国家安全审查职责，依法作出国家安全审查决定或者提出安全审查意见并监督执行。

**第六十一条** 省、自治区、直辖市依法负责本行政区域内有关国家安全审查和监管工作。

## 第五节 危机管控

**第六十二条** 国家建立统一领导、协同联动、有序高效的国家安全危机管控制度。

**第六十三条** 发生危及国家安全的重大事件，中央有关部门和有关地方根据中央国家安全领导机构的统一部署，依法启动应急预案，采取管控处置措施。

**第六十四条** 发生危及国家安全的特别重大事件，需要进入紧急状态、战争状态或者进行全国总动员、局部动员的，由全国人民代表大会、全国人民代表大会常务委员会或者国务院依照宪法和有关法律规定的权限和程序决定。

**第六十五条** 国家决定进入紧急状态、战争状态或者实施国防动员后，履行国家安全危机管控职责的有关机关依照法律规定或者全国人民代表大会常务委员会规定，有权采取限制公民和组织权利、增加公民和组织义务的特别措施。

**第六十六条** 履行国家安全危机管控职责的有关机关依法采取处置国家安全危机的管控措施，应当与国家安全危机可能造成的危害的性质、程度和范围相适应；有多种措施可供选择的，应当选择有利于最大程度保护公民、组织权益的措施。

**第六十七条** 国家健全国家安全危机的信息报告和发布机制。

国家安全危机事件发生后，履行国家安全危机管控职责的有关机关，应当按照规定准确、及时报告，并依法将有关国家安全危机事件发生、发展、管控处置及善后情况统一向社会发布。

**第六十八条** 国家安全威胁和危害得到控制或者消除后，应当及时解除管控处置措施，做好善后工作。

## 第五章　国家安全保障

**第六十九条** 国家健全国家安全保障体系，增强维护国家安全的能力。

**第七十条** 国家健全国家安全法律制度体系，推动国家安全法治建设。

**第七十一条** 国家加大对国家安全各项建设的投入，保障国家安全工作所需经费和装备。

**第七十二条** 承担国家安全战略物资储备任务的单位，应当按照国家有关规定和标准对国家安全物资进行收储、保管和维护，定期调整更换，保证储备物资的使用效能和安全。

**第七十三条** 鼓励国家安全领域科技创新，发挥科技在维护国家安全中的作用。

**第七十四条** 国家采取必要措施，招录、培养和管理国家安全工作专门人才和特殊人才。

根据维护国家安全工作的需要，国家依法保护有关机关专门从事国家安全工作人员的身份和合法权益，加大人身保护和安置保障力度。

**第七十五条** 国家安全机关、公安机关、有关军事机关开展国家安全专门工作，可以依法采取必要手段和方式，有关部门和地方应当在职责范围内提供支持和配合。

**第七十六条** 国家加强国家安全新闻宣传和舆论引导，通过多种形式开展国家安全宣传教育活动，将国家安全教育纳入国民教育体系和公务员教育培训体系，增强全民国家安全意识。

## 第六章　公民、组织的义务和权利

**第七十七条** 公民和组织应当履行下列维护国家安全的义务：

（一）遵守宪法、法律法规关于国家安全的有关规定；

（二）及时报告危害国家安全活动的线索；

（三）如实提供所知悉的涉及危害国家安全活动的证据；

（四）为国家安全工作提供便利条件或者其他协助；

（五）向国家安全机关、公安机关和有关军事机关提供必要的支持和协助；

（六）保守所知悉的国家秘密；

（七）法律、行政法规规定的其他义务。

任何个人和组织不得有危害国家安全的行为，不得向危害国家安全的个人或者组织提供任何资助或者协助。

**第七十八条** 机关、人民团体、企业事业组织和其他社会组织应当对本单位的人员进行维护国家安全的教育，动员、组织本单位的人员防范、制止危害国家安全的行为。

**第七十九条** 企业事业组织根据国家安全工作的要求，应当配合有关部门采取相关安全措施。

**第八十条** 公民和组织支持、协助国家安全工作的行为受法律保护。

因支持、协助国家安全工作，本人或者其近亲属的人身安全面临危险的，可以向公安机关、国家安全机关请求予以保护。公安机关、国家安全机关应当会同有关部门依法采取保护措施。

**第八十一条** 公民和组织因支持、协助国家安全工作导致财产损失的，按照国家有关规定给予补偿；造成人身伤害或者死亡的，按照国家有关规定给予抚恤优待。

**第八十二条** 公民和组织对国家安全工作有向国家机关提出批评建议的权利，对国家机关及其工作人员在国家安全工作中的违法失职行为有提出申诉、控告和检举的权利。

**第八十三条** 在国家安全工作中，需要采取限制公民权利和自由的特别措施时，应当依法进行，并以维护国家安全的实际需要为限度。

## 第七章 附　　则

**第八十四条** 本法自公布之日起施行。